# 月亮星座的第一本書

黃家騁◎著

# 總序——科學星象DNA

黃家騁

筆者自幼接觸天文學，至今幾達半個世紀，而且典藏國內外天文書籍和各種資料超過十國以上，在涉獵的過程中，同時也對《易經》及星象學產生興趣，並潛心研究達三十餘年，樂在其中，因爲除了能從其中獲得許多知識和智慧，使個人的目光擴展到宇宙的邊緣之外，更能由此探觸天命。

承生智出版社孟樊兄囑筆者「有系統」的撰寫星象學方面的書，名稱爲「第一本書系列」，希望能爲星象學研究跨出新的一頁，最先出版的是《上升星座的第一本書》，接著是《太陽星座的第一本書》、《月亮星座的第一本書》、《研究水星（創意）的第一本書》、《研究金星（愛情）的第一本書》，以及《研究火星（性愛）的第一本書》等系列。

要瞭解和研究現代「科學星象學」，僅憑單向度的「太陽占星術」是不夠的，應該要用更遠大的眼光和態度去面對。西方對星象學的探究，已有上萬年的歷史，而且研究益趨細密和精準，並已成爲世界預言學和星命學的主流。

只要是存活在宇宙間的任何一個生命，都是獨一無二、與眾不同的，也因此形成天地間形形色色、多采多姿的生命現象，好比指紋和生化學中的DNA一般，這種多變和複雜的生命特質，「科學星象學」才能作出正確的判讀，而其中「上升星座」是最先出版的「第一本書」，更是有志於星象學的入門書。可以讓我們瞭解每個不同人格的生命型態，更是未來廿一世紀的人際關係學、親子關係學和知人善用的用人守則，有志於星命學者，盍興乎來！

星座成爲流行的話題，已有數年的光景，起先，當你問別人是什麼星座時，對方往往會簡單回答「××座」，但是現在卻不相同了，對方可能告訴你，他（她）的太陽在那個星座？月球在那個星座？金星在那個星座？上升星座又在那裡等等。這種改變，正是筆者二十多年來努力推展和教授「科學星象學」和「上升星座（命宮）」的目標，能幫助我們研究「上升星座」，也就是「命宮星象學」。

瞭解自己的性格、個人性向發展和未來學習方向，不致錯走冤枉路，更能指引未來的工作、財運、事業、感情、婚姻、子女等方向，爲社會造福，而這些都不是僅靠「太陽星座」所能指引的。

一般熟知的「太陽星座」，只能探測父親，丈夫和兒子的狀況，「月球星座」只能知道母親、妻子和家族間的關係，卻都無法眞正瞭解自己，而「眞正的自我」是由和父母完全無關的「上升星座」所掌管；也就是說，由「上升星座」（命宮）才能眞實瞭解自我的一切，並能進一步瞭解自己的財帛、兄弟、田宅、子女、奴僕、夫妻、疾厄、遷移、官祿、福德、相貌等其他十一個後天宮位的感應，這也是僅依「太陽星座」所無法盡知的事。

本書並附贈一片練習用「Windows版中文化星象光碟」，可以根據出生年月日時分和出生地點，即能迅速而正確的顯示個人星盤，其中白羊座等爲

「先天宮位」，命宮等爲「後天宮位」，加上太陽等星象，以及諸星相位關係等，組成一幅完整精密的個人星盤。

運用本光碟可以擺脫「太陽星座」的侷限，進入「科學星象學」的堂奧，並可省去數萬元購買國外星象軟體、厚重的星象曆、各式分宮度表、繁雜的各國城市經緯度表，以及其他參考書籍等，更可省去數十萬元的拜師學習費用，並縮短鑽研的時間，節省精力，可以很快的洞徹天命，瞭解自我，以及認識周遭的人。

由於盜版猖獗，本「學習及試用光碟」每半年或一年會有新的改進和增訂版本，舊版將會自動或逐步失效，敬請原諒。學者和讀者不妨密切注意更新版本的訊息，並請將正確的通訊地址寄回「皇極星象學研究中心」，將可快速的獲得最新資訊；如需完整版本，請向本中心註冊登記，可以獲得最佳的優惠和服務。

本書的完成，感謝孟樊兄的敦促、Ruby小姐的鼓勵、范一粟小姐的校對，以及皇極星象學研究中心學生的支持，在此一併致謝。

西元一九九九年元旦，於台北皇極星象學研究中心

# 預知死亡有跡可尋?!

——代序(一)

董小狐

## 陳靖怡之逝

一九九七年十二月十四日在中時報系舉辦的一場「前世今生命理嘉年華」會場，眾多來賓帶著許多小朋友到場等著陳靖怡主持一場「星座親子會」，就在此時，傳來噩耗，「陳靖怡死了」！當時筆者亦在會場。不久，大批媒體記者飛奔到場作現場採訪，因爲星象家黃家騁正在會場作「星象諮詢服務」，九天來共有三台及十餘家第四台，以及多家平面媒體記者紛紛作過三十多次專訪，使得會場氣氛顯得格外不尋常。

陳靖怡殞於情孽一事，引起「命理師能不能預測自己的命運」之議，有人認爲陳氏算命很準，也有人認爲不準，更有人認爲，就陳氏在媒體及著作上的表現，比較像「具有休閒娛樂功能」的「演藝人員」，而非專業的命理師。此外，有人爲陳氏抱不平，認爲她生前費盡心思維護自己的隱私，死後其命運及生活卻被公開討論，實在情何以堪；也有人認爲，陳氏因爲在媒體上公開批論名人的命運，才被捧爲以「明星」定位的星座專家，如今陳氏之被談論，其實正如同她過去之談論別人，這就是公眾人物逃脫不開的宿命云云。

黃氏三十餘年來一直大力推展「科學星象學」的研究，並撰寫數百篇星象專文，著作五十餘本星象學專著，至今正式推出一套精密的「Windows版全中文化星象光碟」，爲「精密星象學」作出重大貢獻。

黃氏與陳靖怡有一段師生緣，也僅此一面之緣，數年前陳靖怡曾聽過黃氏講演「科學星象學」，但卻沒有長時間聽講下去。黃氏亦深感遺憾，如果能夠深究一段時日，或許可以改變這一切。並慨歎一般學者只知學習「太陽星座」，而不知有精密的「命宮星象學」，容易誤己誤人。

## 科學與哲學

命理基本上屬於哲學的範疇，命理哲學和科學是兩條時常交集的曲線，並非兩條重合的直線，拿科學的標準來要求命理哲學是不合理的。事實上，任何命學家或星象家，都不可能是神仙，雖然能預知一些別人所無法預知的事，但畢竟還是凡胎肉身。雖然「知命」，但未必能「改命」，正如能呼風喚雨、預知天命的諸葛亮，想以「禳星」延壽，但仍逃不出死亡大限。

命理是一套人類「以凡人的智慧來思考生命問題的哲學系統」，自然有其思考上的侷限；就如科學也是一套人類「以凡人的智慧來探索自然的奧祕的科學體系」，其侷限也是不可避免的。

哲學是萬年不變的天地法則，顛仆不破的眞理；而科學的最高原則就是「測不準原理」，今天的眞理，明天就會被推翻，所以每年都有諾貝爾物理學獎的頒發，例如宇宙最小物質，由原子、J粒子、夸克、頂夸克等，年年有所突破，沒有確定答案，更無所謂「眞理」，科學的最高「眞理」，就是「變」，這和哲學上的基本原理完全吻合；《易經》這部變經，談的就是「生生不息之謂道。」《老子》也曾說：「一切在變，惟變不變。」

科學界多的是絕頂聰明的天才，頂尖的科學家多是物理學家，頂尖的物理學家多的是天文學家，而頂尖的天文學家，最後踏入預測的境界，開始研究初步的「占星術」，亦不乏其人，牛頓和愛因斯坦如此；研究人文科學和心理學的佛洛依德和榮格，更將「星象學」融入科學心理學，成爲「深層心理學」。事實上，「哲學是科學之母」，不應相互排斥，人類想上天空，這屬哲學層面，再運用科學技術與手段，發明了紙鳶、飛機，甚至太空載具，終於登上月球。

漢代大儒賈誼曾說：「古之聖人，不居朝廷，必在醫卜之中。」原因是：「卜可決疑，醫可治病，同爲人生日常所需。」

古往今來，上下四方，各個已知或未知的現象界，都是命理哲學思考的範疇。人類透過命理哲學的系統苦苦追索，無非是要求得生命的發揚，以及心靈的安定澄止。命理哲學是人類「成熟的成年人的智慧」，是人類自洪荒以來歷經數不盡的劫難與光輝，所學得的教訓及智慧，以及看待生命的態度、超越生命的企圖，如果只是拿來給青少年作爲嬉笑怒罵的消遣，就太糟蹋人類萬千年來以生死歷練換得之心血。

命理哲學系統龐雜，品類繁多，光是中國傳統一脈，就有三十餘大類，這還不包括降神扶乩、關亡召魂等巫術。每一套系統各有特色，也各代表一套人類試圖破解宇宙生命奧祕的密碼、路徑。

歷史學者張永堂博士說：「雖然古今中外哲人不斷對吉凶禍福、死生貴賤等具普通性的問題提供解決之道，但命理術數也提供了一套神祕、甚至在某些程度上是有效的理論與方法，故只要人生仍有無從選擇或預測的困境，術數便有盛行的溫床。」

足證命理哲學在平面及電子傳媒上佔有篇幅，確有其需要性，並非全然如踢館專家所謂的「倡導迷信、愚民」；但是命理哲學資訊陷阱處處，傳媒若不具文化程度及命哲知識，就很容易流於媚俗與愚昧，甚至淪爲如李敖所謂的「爲妖僧張目」。

## 太陽星座無法作預測

命運究竟可不可以預測？黃家騁先生經長期的研究及印證認爲：命運七成可論，這是屬於「先天」不變的部份；至於「後天」三成，則是可因環境、遺傳，以及個人意志力、執行力而改變的部份，我們能否戰勝命運、扭轉人生，就靠這三成可變的後天因素，而這三成也正是超越命理師所能掌握的部份。

黃氏教授命理哲學將近三十年之久，在教學中，時時強調：專業命理師雖然以究天人之際爲志業，但是，命理卻是一套人類以凡人的智慧來思考生命問題的哲學系統，自然有其思考上的侷限，就如科學是以凡人的智慧來探索自然界的奧祕，當然也有其侷限性；所以，有志成爲專業命理師者，論斷命例，實在只可嚮往，而不必強求百分之百準驗，能夠有七成的準驗度，已經是命理論斷的最高境界了。

兩種單一物質化合爲新的化合物，如氫與氧化合爲水、氯與鈉化合爲鹽。而父精、母血化育爲人，也是一種化合作用；在遺傳上是「至親骨肉」毫無疑問，但這個「新生命」是與父母完全不同的「獨立個體」。

在個人星盤上也是如此，由陽曆月日推算出來的太陽，主父系遺傳、男性自己、夫君等，它僅顯示父親和丈夫的概況，以及個人外在的形象感應；

由農曆月日推算出來的月球，主母系的遺傳、女性自己、妻子等，它僅顯示母親和妻子的概況，以及個人內在的情緒感應；都不是眞正的自己，而由完整的出生年月日時，加上地點經緯度等感應，則能推算出個人的「命宮」，它主宰著「眞正與完整的自我」。

事實上，個人生命是七成「先天」與三成「後天」的結合。由出生月份日期決定的「太陽星座」，只是天命中三成「後天」的感應部份；而加上出生時間來決定的「命宮」，才是七成不變的「先天」感應。「命宮」主宰著個人生命的開端，以及人生未來的方向與發展。它影響人格型態、外貌氣質、自我認同、外在形象、表現個人的獨特性。

西元一九九九年農曆新年初一

# 當自己的占星師

——代序(二)

雁隨雲

# 做自己的占星師

某命理師爲人考試「開運」，以「涉嫌斂財」被移送法辦，這事件發生在一向有考試傳統的中國社會裡，並不足爲怪，唯一顯示的是，即使在科學文明如此昌盛的現代，這種源自文化上的「臍帶需要」，在現實生活裡，仍有其實質存在的空間。

從商周卜筮文化以來，出於對上天的敬畏，卜卦、論命等五術道統，原就與中國歷來順應的文化根柢相與無間。讀書人兼通天文、地理、子平之術，不足爲奇；而帝王將之祕而不傳，卻是使這套「生活哲學」、「生存之道」蒙上神祕色彩的主因。

五術作爲一門「學問」，果眞學海無涯，完全沒有軌跡可循，不知到何處學習，不知明師在那裡，不知那一套理論是沒有「摻水」的……，諸如種種，使得「五術江湖」更形奇詭，龍蛇雜處，亂象叢生。

而現今命理節目如此氾濫，亦是亂源之一。更致命的是，主事者本身泰半缺乏命理學術的背景，無法篩濾人選，幾經曝光，就能塑造一堆空包彈型的命理大師；甚至只要做好媒體公關或勤打廣告，也能自行「塑像」，顛倒眾生。

這些命理界的「莠草」擅於抓住人性弱點，完全按照台灣泡沫型市場特質操作，猛抄書、出書、猛曝光（上媒體、演講、座談……），只要出名就好。究竟他們有多少實力，下了多少功夫，又有誰能認定呢？

但是，在文化背景的烘托下，命理之學卻又有十足存在的必要性，那我們該如何看待「這些人、這些事」呢？依本人「泅泳」命理之海多年的經驗，僅建議如下：

1.平實看待老祖宗傳下來的經驗之學。「天機」只宜作為趨吉避凶之參考，決不能以此作爲論斷的最後依據。爲有考試不問實力，一味卦符，倒果爲因之理？

2.命理師論命，永遠難出其「管見」。他的識見與視野，決定他論命的基本架構；而一個人的存心也決定他論命的態度。理想的命理師，除了人格與學養的基本要求外，最重要的是要有靈敏、柔軟的「同情心」，才比較容易站在客觀的立場，甚而進入同一生命脈絡裡，提出中肯、客觀的分析與建議。

3.永遠要相信自己，沒有比自己更了解自己，最好的方法是——當自己的命理師，別把自己的前途、命運交給沒有實力的江湖術士。

## 我所認識的黃大師

前面隨興所寫的新聞事件評論，其實只不過反映本人看待天命之道的一貫態度，不論從那個角度切入，八字、占卜、占星……，林林總總，不一而足，且不妨還其素樸原貌，將之放在平常生活脈絡裡來貼近感受，心領神會處，豈是「非術」者所能言說？

我與黃家騁老師相交近十年，深知由於雙生摩羯（太陽與上升均落於此）特質的影響，多年來，黃老師始終堅定、穩健、踏實的走在天命之道的探索路上，從事研究、寫作與教學工作。

不擅花腔的黃老師，偶爾還要應付後生小輩的抄襲，甚至無的放矢的詆譭等諸多挑釁，但他始終以「天命之道」自期，對於彼等自我膨脹，互相拉抬的作風，始終無暇回應。還有許多紮根的活兒要做，他的時間是要花在更有意義、更有價值的工作上呢？

這一系列的「第一本書」，是黃老師多年沉潛結晶的力作，讓有心想「做自己的占星師」的朋友有個依據，可供遵循。

西元一九九九年六月一日

# 洞悉內在情緒的月亮星座

## ——前言

黃家騁

本書是討論月球奧祕和「月球星座」的專著，雖然我們對月球並不陌生，每天晚上只要仰觀夜空，都能看到一輪明月；月球更成爲騷人墨客舞文弄墨、發紓情懷的對象，但是眞正能知道月球奧祕的人卻不多。

研讀本書可以讓您一新耳目，視野開闊，不論天文學或星象學上，月球代表的是古老的星體和傳統保守的一切，但是引起人們高度興趣的外星人、飛碟，人類的生殖繁衍，以及心理學上的「情緒管理」，星盤中的家庭、居所、母性、親情、自衛性等，都和月球有關，本書也有詳實說明。

月亮守護著巨蟹座，統籌感情、情緒、基本潛意識、習性、自衛能力、安全感、根性、母性及愛心等。由其陰晴圓缺、變幻不定的特質，就能知道它的奧祕變化和感應。它又象徵想像、意圖，以及偏好等非理性層面，影響著每個人的心靈、夢境，也和「臭皮囊」的肉體關係至鉅。

您想要瞭解自己的內在性格，出生、成長環境和未來家庭的狀況，瞭解別人的情緒變化，選擇配偶和生育子女，洞悉萬物衰榮，晝夜和朔望、上下弦等感應等，研究本書就能盡知這些奧祕。

「改變過去，迎向未來」，這句話非關迷信，而是可以自己掌握的，本書首次披露月球交點和「前世今生」的感應，並給予您一些忠告，而不須求籤問卜。

「第一本書系列」的「上升星座」、「太陽星座」、「月亮星座」三本書，揭露了星象學的許多奧祕，參考本系列，可以激盪個人的潛能，大大提升您洞徹天命的能力。

本書是一本值得好好研讀的星象書，可以讓初學者一覽星象學和月球星座的奧妙，無師自通；星命學和擇日學老師，也可以將此書作爲教學參考或教材，並賜予寶貴意見，俾供修正、再版的參考。

本書附贈練習排盤的「學習光碟」，此爲試用版，請照書末MENU指示安裝使用。光碟檔案目錄中有「皇極星象中心」檔，只要點選就能找到「月球星座表」和「每日月球星曆表」兩種表格作爲參考。這兩個檔案只能在光碟中查考，無法拷貝進硬碟，也無法列印。

西元一九九九年六月一日，於皇極星象學研究中心

# 目錄

## 2



## 3

目錄

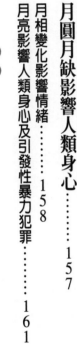

## 8 月亮的交點感應……249

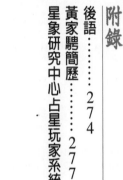



## 附錄

# 1

# 淺談「情緒管理」

# 情緒商數實驗

所謂：「成功者改變命運，失敗者抱怨命運。」

「EQ情緒商數」和「IQ智力商數」不同，很難用數據來量化，它指的是個人複雜、抽象的性情特質，諸如「自知之明」，能與他人感同身受的「同理心」、「堅毅精神」和「處世技巧」等。

不過這些「情緒商數」是可以衡量出來的，例如樂觀就是衡量一個人自我價值觀的妙法。一個樂觀進取的人，「情緒商數」也愈高；相信自己能扭轉局面的信心愈強，其成就通常愈高。

美國賓州大學心理學家謝利曼（Martin Seligman）認爲，觀察一個人在面臨挫折時的反應，就可以相當準確地預測出他在課業、運動或某些類別的工作方面是否能夠成功。美國的大都會人壽保險公司在八〇年代中期每年僱用五千名推銷員，每人的培訓費用在三萬美元以上，然而有半數推銷員在第一年去職，五分之四在四年內去職，該公司於是找謝利曼幫忙。

謝利曼依他的理論設計了一套問卷，應徵者除了參加公司正規甄試外，又接受謝利曼的樂觀度測驗，最後被錄取的人當中有些是甄試不合格，但在謝利曼的測驗中被評為「超級樂觀」者，然後他追蹤研究一萬五千名公司新人的表現。

謝利曼發現，樂觀的推銷員較能捱過業績不佳的低潮期，遭到顧客拒絕時比較不會灰心喪志，在這個工作上也幹得較久。樂觀者認為困阨與挫折都是暫時的，是外力因素造成，因此他們也較能挺過。

悲觀的人則相反，認為失敗與挫折是他個人命運蹇悖使然，一輩子也翻不了身。

再者，相信自己能扭轉局面的信心愈強，則其成就愈高。

那些原本落選但是被評爲「超級樂觀者」，最後竟然是表現最佳的一群，第一年業績領先他人21%，第二年更達57%。此後大都會保險規定，欲進入該公司任職者需先通過謝利曼的測驗。

以下爲謝利曼問卷的若干例題，請找出最接近自己情況的答案：

1.你忘記了配偶（男友或女友)的生日。

甲：我不擅於記住親友的生日。

乙：我因有其他要事而疏忽了。

2.你因逾期還書而被圖書館罰了十美元。

甲：當我全神貫注讀書時，總是忘記應還書的日期。

乙：我全神貫注在寫報告，忘了去還書。

3.你對一個朋友大發脾氣。

甲：他（她）總是對我嘮叨不休。

乙：他（她）對我不懷好意。

4.你因報稅逾期而被罰款。

甲：我總是延誤報稅。

乙：我今年實在懶得去繳稅。

5.你覺得筋疲力竭。

甲：我從來沒有機會放鬆一下。

乙：我這個星期忙得要命。

6.一個朋友說了些很傷感情的話。

甲：他講話總是衝口而出，沒有考慮其他。

乙：這個朋友心情不好，把氣發在我身上。

7.滑雪時你跌了好幾跤。

甲：滑雪很困難。

乙：雪道上很滑溜。

8.假期一過你體重上升而且減不下來。

甲：長期來看，節食對減重毫無幫助。

乙：我嘗試的節食辦法沒有效果。

**結論**

回答「乙」比「甲」多者，是具有樂觀傾向者。

**分析**

一個很好的例子是，一九八八年漢城奧運會時，被看好有奪得七面金牌的美國游泳健將畢昂迪在前兩項競賽中出人意外地表現奇差，大多數評論員認爲畢昂迪在其餘比賽中大概也不成氣候了，但是謝利曼可不這麼想。他在賽前對美國隊員做過測驗，發現畢昂迪的心態罕見的積極樂觀；果然畢昂迪隨後連下五城，爲美國奪得五面金牌。

## 星象學上的解讀

### 「樂觀」的人

在星象學上解讀是屬於陽性星座強勢的人，包括：

火象星座：白羊座、獅子座、人馬座。風象星座：雙子座、天秤座、寶瓶座。

・樂觀的人，積極進取，遇到挫折，能正面應對，絕不逃避、退縮，而且復元能力佳，很快就能站穩腳步，改變劣勢，轉敗爲勝。

### 「悲觀」的人

在星象學上解讀是屬於陰性星座強勢的人，包括：

地象星座：金牛座、室女座、摩羯座。水象星座：巨蟹座、天蝎座、雙魚座。

・悲觀的人，消極被動，遇到挫折，無法正面應對，並設法逃避、另謀對策，雖然復元能力較慢，短時間內無法重新再戰，但從長遠觀點來看，毅力和耐力最強，能堅持到底，不達目的絕不罷休，而且最後的勝利者，都是這些陰性星座的人。

・也就是說，陰性星座的人，有堅忍不拔的毅力，「忍功」一流，是個晚發型的人，也是個作大事和具備成功與不朽的格局的人。

## 結論

以上分析，和一般心理學上所說的不同。總結是：

・樂觀者多屬陽性星座，成功較速，只求一時風光，無法持續，守成不易。

・悲觀者多屬陰性星座，成功雖慢，不愛作秀表現，但事業長久，永恆不朽。

# 領袖人物治國以忍為高

一九九六年前後，世界正流行「EQ情緒管理」，而測定情緒高低的「情緒商數」就成爲新興的心理學。在政治方面的解讀是：「情緒商數較高者，民意肯定度也高。」

具有高度「情緒商數」者，是個人或偉人成功成就、超越群眾的先決條件，就以入主白宮的美國總統而言，都是一些高度自知、很有同理心、能控制衝動的人物，大體而言，「情緒商數」較高者，其民意的肯定度也高。

．小羅斯福總統是樂觀典型的代表，學者品評他具有：「二流的智力，一流的性情。」羅斯福出身名門高第，但長大後得了小兒痲痺症，須以輪椅代步，不過他並未自憐自棄，反而發展出奔放的樂觀心態，帶領美國人度過經濟大恐慌與二次大戰，高居「偉大」的歷史地位。

・開國元動傑佛遜總統，被品評爲兼具智慧和溫厚人格的完美典型，從未與民意脫節。

・第七任總統傑克遜雖然個性衝動，同理心低，卻集元首、戰爭英雄、大法官於一身，表現皆很傑出。

・詹森總統在擔任參議院領袖時充滿魅力，深諳政治說服藝術，然而他卻未把這項才幹帶入白宮。尼克森和詹森很相似，兩人都是政治天才，但是「情緒商數」等級卻最低。普林斯頓的葛林斯坦教授形容詹森和尼克森兩人，就像政治界的梵谷，能畫出千古流傳的驚世之作，但卻「割掉自己的耳朵」，容易自毀長城。

・二十世紀美國總統中智商最高的可能要數威爾遜、胡佛和卡特，而他們和民意之間卻存有很大距離。威爾遜傲慢自大又很神經質，胡佛則一意孤行，完全聽不進別人的意見，卡特的弱點並不是他衝動、暴躁，反而是他太過溫吞、軟弱，「伊朗人質危機」讓他灰頭土臉，處理失當，失去先機，並失去總統寶座。

・甘迺迪和雷根都沒有這些問題，他們並非智商奇高，但卻全身散發領袖魅力，把信心和開朗傳播給美國人，深得民心。

・柯林頓總統曾是「羅德講座」學者，其智商頗高自是毫無疑問，然而他太想取悅於民，以「民意調查」爲治國依據，反而被評爲沒有原則，民眾信賴度也受到影響，被叫做「滑頭威利」，其來有自。

# 「真命天子」——談領袖特質

## 新舊交替的世代變革

強勢的李總統如果在二〇〇〇年退休，將正式邁入新舊交替、世紀轉換的時刻，具有時代性和指標性的意義，而二〇〇〇年大選，是一場「統、獨」的大決戰，將決定台灣的未來，更是國、民兩黨執政的保衛戰和爭奪戰，更是台灣命運、住民前途，甚至是兩岸和戰的一場公民投票，受到兩岸四地和世界的關注。

連宋陳許四人的角力，每每成爲新聞焦點，競爭愈激烈，愈有新聞價值，而民眾的關心度也會大增。到底什麼樣的人才是「眞命天子」，星命學家

| 星座屬性 | | 命宮 | 太陽 | 月亮 | 小計 | 行星 | 總計 |
|---|---|---|---|---|---|---|---|
| 白羊座 | 陽性、火象、基本星座 | 5 | 7 | 9 | 21 | 53 | 74 |
| 金牛座 | 陰性、地象、固定星座 | 6 | 7 | 9 | 22 | 84● | 106● |
| 雙子座 | 陽性、風象、變動星座 | 6 | 6 | 7 | 19 | 60 | 79 |
| 巨蟹座 | 陰性、水象、基本星座 | 10▲ | 9▲ | 11▲ | 30● | 76▲ | 106● |
| 獅子座 | 陽性、火象、固定星座 | 10▲ | 4 | 6 | 20 | 69▲ | 89▲ |
| 室女座 | 陰性、地象、變動星座 | 12● | 6 | 8 | 26▲ | 51 | 77 |
| 天秤座 | 陽性、風象、基本星座 | 10▲ | 8 | 3 | 21 | 52 | 73 |
| 天蝎座 | 陰性、水象、固定星座 | 5 | 9▲ | 13● | 27▲ | 68▲ | 95▲ |
| 人馬座 | 陽性、火象、變動星座 | 7 | 6 | 4 | 17 | 66 | 83 |
| 摩羯座 | 陰性、地象、基本星座 | 8▲ | 9▲ | 10▲ | 27▲ | 62 | 89▲ |
| 寶瓶座 | 陽性、風象、固定星座 | 3 | 8 | 5 | 16 | 63 | 79 |
| 雙魚座 | 陰性、水象、變動星座 | 4 | 7 | 1 | 12 | 70▲ | 82 |

雖各有解讀，但「眞命天子」只有一個，不會因爲不同的解讀而出現幾位「總統」。現在就星象學角度來分析「領袖特質」：

一九九八年人氣最旺的宋楚瑜和陳水扁，退職和敗選後在民間走透透期間，已被封贈爲「總統」，這正是錯亂顚倒、夢幻不實、自欺欺人的雙魚年所出現的虛空假象，這些現象都將隨著一九九九年的到來而逐步變調褪色，而新的白羊年，萬物生發，一切都將從頭來過。

以命宮、太陽、月亮以及行星來分析美國42任總統、45任副總統的星象特質：

以命宮分析：室女座最多，巨蟹、獅子、天秤、摩羯座四個次之。以太陽星座分析：巨蟹、天蝎、摩羯座三個最多。以月亮星座分析：天蝎座最多、巨蟹座、摩羯座次之。以三項整合而言，室女座、巨蟹座、摩羯座、天蝎座四個星座強勢的人，是最佳領袖人物；如果加上全體行星，則除了上述四個星座外，金牛座也並列其中。

1.室女座強的人，謹慎小心，精密仔細，勤勞節儉，是個最佳的策劃人才。

2.巨蟹座強的人，慈善、愛國、更有愛心，愛民如子，親和力佳，最具人緣。

3.摩羯座強的人，穩重踏實、頭腦清晰、有經營管理能力，建設性強，是最佳的政經領導者。

4.天蝎座強的人，深沉內斂，有洞徹力、足智多謀、執行力強，有決心毅力，是應付變局的最佳決策者。

5.金牛座強的人，忠誠實際，有理財能力，行事徹底，言行穩重，是最佳的理財專家和管理人才。

以上五個星座強勢的人，是最佳領袖人物，李總統和連副總統就有這些重要特質。而陳水扁和宋楚瑜兩位可能的候選人，摩羯座沒有感應，顯現作秀性強，喜作表面工夫，討好媚俗，建設性和穩定性不足，無法穩定政治、經濟兩項最重要的國家大計和民生福利，是爲政者最大的缺點，在「政治鬥爭」中，不如「地象星座」強勢的李連章蕭四人，並將影響總統勝選。

就美國42任總統、45任副總統的星盤來作分析，其中副總統中有14位升任爲總統。由這些統計資料可以歸結下列幾項「領袖」人物的特質：

第一，室女座、巨蟹座、摩羯座強勢的人，是最佳領袖人物。

第二，柔性的陰性星座強勢的人，能讓領導者沉穩的面對挑戰。

第三，能屈能伸基本星座強勢的人，讓領導者不致衝動和善變。

第四，穩重踏實的地象星座，能使領導者產生堅毅不拔的精神從事改革和建設，並成就不朽。

## 以個別星座分析

最具領袖氣質的是室女座、巨蟹座、摩羯座、天蝎座四個陰性星座。其次是白羊座、金牛座。而最沒有領袖氣質的首推雙魚座，其次是寶瓶座、人馬座，而雙子座、獅子座、天秤座等，也不理想。

| 星座屬性 | | 命宮 | 太陽 | 月亮 | 小計 | 行星 | 總計 |
|---|---|---|---|---|---|---|---|
| 白羊座 | 陽性、火象、基本星座 | 5 | 7 | 21 | 53 | 74 | |
| 雙子座 | 陽性、風象、變動星座 | 6 | 6 | 7 | 19 | 60 | 79 |
| 獅子座 | 陽性、火象、固定星座 | 10▲ | 4 | 6 | 20 | 69▲ | 89▲477 |
| 天秤座 | 陽性、風象、基本星座 | 10▲ | 8 | 3 | 21 | 52 | 73 |
| 人馬座 | 陽性、火象、變動星座 | 7 | 6 | 4 | 17 | 66 | 83 |
| 寶瓶座 | 陽性、風象、固定星座 | 3 | 8 | 5 | 16 | 63 | 79 |
| 金牛座 | 陰性、地象、固定星座 | 6 | 7 | 9 | 22 | 84● | 106● |
| 巨蟹座 | 陰性、水象、基本星座 | 10▲ | 9▲ | 11▲ | 30● | 76▲ | 106● |
| 室女座 | 陰性、地象、變動星座 | 12● | 6 | 8 | 26▲ | 51 | 77 555 |
| 天蠍座 | 陰性、水象、固定星座 | 5 | 9▲ | 13● | 27▲ | 68▲ | 95▲● |
| 摩羯座 | 陰性、地象、基本星座 | 8▲ | 9▲ | 10▲ | 27▲ | 62 | 89▲ |
| 雙魚座 | 陰性、水象、變動星座 | 4 | 7 | 1 | 12 | 70▲ | 82 |

以命宮、太陽、月亮以及行星來分析美國42任總統、45任副總統的星象特質。

## 以兩極星座分析

一般人認爲，政治人物高高在上，榮耀、尊貴，閃耀在燈光下，活在掌聲中，陽性星座必定特別強勢。事實上，恰好相反，上表可見陽性星座特質強的人較多，這些數據顯示，具有領袖特質者，往往是陰性星座強勢的人，他們具有冷靜、沉穩的特質，遇事鎮定而不慌亂，思考細膩而不衝動，必能擔當重任，受人景仰，而且流芳萬世。

## 以三分星座分析

一個政治家如果過於剛愎固執而不知進退，往往必須面對許多反對勢力的抗爭，也可能引發國內政爭或遭致戰爭，這好比剛強固執的伊拉克領袖哈珊，終於引發英美國家的制裁。相對的，一個政治家如果過於優柔寡斷、懦弱多變，往往必須面對許多難以抉擇、進退失據的困難問題，也可能遭到外力的侵擾，這好比毫無武裝，沒有危機意識的科威特領導者，終於招致伊拉克的侵略。這就是兩種極端性格的缺點，是不受選民歡迎的。

事實上，政治領袖需要基本星座強勢，熱忱而獨立，心智快捷，重要的是能屈能伸，兼有固定星座和變動星座的優點，並能減弱其缺點，顯現出特有的氣質，例如白羊座有領導和強勢的格局，並能平衡和諧的解決問題；基本星座有著像母愛般巨蟹座的特質，更有愛國愛鄉、堅忍不拔、穩重踏實的

| 星座屬性 | | 命宮 | 太陽 | 月亮 | 小計 | 行星 | 總計 |
|---|---|---|---|---|---|---|---|
| 白羊座 | 陽性、火象、基本星座 | 5 | 7 | 9 | 21 | 53 | 74 |
| 巨蟹座 | 陰性、水象、基本星座 | 10▲ | 9▲ | 11▲ | 30● | 76▲ | 106●342 |
| 天秤座 | 陽性、風象、基本星座 | 10▲ | 8 | 3 | 21 | 52 | 73 |
| 摩羯座 | 陰性、地象、基本星座 | 8▲ | 9▲ | 10▲ | 27▲ | 62 | 89▲ |
| 金牛座 | 陰性、地象、固定星座 | 6 | 7 | 9 | 22 | 84● | 106● |
| 獅子座 | 陽性、火象、固定星座 | 10▲ | 4 | 6 | 20 | 69▲ | 89▲369 |
| 天蝎座 | 陰性、水象、固定星座 | 5 | 9▲ | 13● | 27▲ | 68▲ | 95▲● |
| 寶瓶座 | 陽性、風象、固定星座 | 3 | 8 | 5 | 16 | 63 | 79 |
| 雙子座 | 陽性、風象、變動星座 | 6 | 6 | 7 | 19 | 60 | 79 |
| 室女座 | 陰性、地象、變動星座 | 12● | 6 | 8 | 26▲ | 51 | 77 321人 |
| 馬座 | 陽性、火象、變動星座 | 7 | 6 | 4 | 17 | 66 | 83 |
| 雙魚座 | 陰性、水象、變動星座 | 4 | 7 | 1 | 12 | 70▲ | 82 |

以命宮、太陽、月亮以及行星來分析美國42任總統、45任副總統的星象特質。

摩羯座特質，是政治家最佳的感應；例如，李總統的冥王星在巨蟹座，命宮、太陽在摩羯座，有著強勢又親民的特質和魅力。

## 以四分星座分析

政治人物需要具備的領導格局，不是衝動的火象星座、膚淺的風象星座，而是穩重的地象星座和深沉的水象星座。火象的白羊、獅子、人馬座，熱情如火、率性而爲、自負與浪漫；缺點是專橫霸道與太過激烈。風

| 星座屬性 | | 命宮 | 太陽 | 月亮 | 小計 | 行星 | 總計 |
|---|---|---|---|---|---|---|---|
| 白羊座 | 陽性、火象、基本星座 | 5 | 7 | 9 | 21 | 53 | 742 46 |
| 獅子座 | 陽性、火象、固定星座 | 10▲ | 4 | 6 | 20 | 69▲ | 89▲ |
| 人馬座 | 陽性、火象、變動星座 | 7 | 6 | 4 | 17 | 66 | 83 |
| 金牛座 | 陰性、地象、固定星座 | 6 | 7 | 9 | 22 | 84● | 106●272 |
| 室女座 | 陰性、地象、變動星座 | 12● | 6 | 8 | 26▲ | 51 | 77 |
| 摩羯座 | 陰性、地象、基本星座 | 8▲ | 9▲ | 10▲ | 27▲ | 62 | 89▲ |
| 雙子座 | 陽性、風象、變動星座 | 6 | 6 | 7 | 19 | 60 | 79 231 |
| 天秤座 | 陽性、風象、基本星座 | 10▲ | 8 | 3 | 21 | 52 | 73 |
| 寶瓶座 | 陽性、風象、固定星座 | 3 | 8 | 5 | 16 | 63 | 79 |
| 巨蟹座 | 陰性、水象、基本星座 | 10▲ | 9▲ | 11▲ | 30● | 76▲ | 106●283 |
| 天蠍座 | 陰性、水象、固定星座 | 5 | 9▲ | 13● | 27▲ | 68▲ | 95▲ ● |
| 雙魚座 | 陰性、水象、變動星座 | 4 | 7 | 1 | 12 | 70▲ | 82 |

以命宮、太陽、月亮以及行星來分析美國42任總統、45任副總統的星象特質。

象的雙子、天秤、寶瓶座，表達能力佳，傾向心智發展，擅於抽象推理；缺點是冷漠與不切實際，判斷不夠深入，決斷力不足。

地象的金牛、室女、摩羯座，實際、獨立、保守與官能主義，身體復原能力極佳；雖然有時過於謹慎小心，但不失穩重、踏實，並能將特質改變爲建設性和安定力。另外，水象的巨蟹、天蠍、雙魚座，感受敏銳而持久，直覺豐富、感情深刻，而且反應力強，並能吸引民眾，遇事能沉穩應對，除了雙魚座外，是個能令人信賴的人。例如：連副總統地象星座有七個星感應、章祕書長也有七個；蕭院長有五星感應，形成極其強勢，顛撲不破，能攻能守的帝王、將相格局。

## 天命自成，不可強求

一切自有天命格局，不可強求，「不花一塊錢就當上總統」的李總統，是個「不求自得的眞命天子」，連副總統也有此象。現由星象來分析：

1. 李總統的冥王星在巨蟹座與全天最亮恆星「天狼」會合，而連戰室女座的太陽，和詹森、柯林頓、鄧小平、江澤民等政治領袖的太陽，都會合政治上最吉的「獅子座軒轅十四」的星度上，顯現出最大的政治格局。

2. 政治人物都有一定的格局，許多政治人物拚命想往上爬，卻重摔下來，顯現「爭而不得的小格局」。「地象星座」的強勢也極重要，連戰就有七個星象感應，當前政治人物中「地象」強勢的還有蕭萬長、章孝嚴、吳敦義等，他們必將主導未來的政局。

3.李總統的木星、天王、冥王三星，呈現超強的三合大吉格局，是近數百年來難見的大格局。連戰也有太陽、月亮、天王三星所呈現的大吉格局，所以政治生涯「一路走來，順暢無比」。

4.政治也有「傳承關係」，美國總統許多都由副總統提升上來，層峰關愛的眼神是最大關鍵，國父、蔣公、經國先生和李登輝等領袖，都有強烈的傳承關係。天下皆知「李連一條心」是有跡象可循的，兩人的月亮會合，像家人一般的親密；正如鄧小平和江澤民，太陽在獅子座會合，得以順利接班。

## 連戰兩千年大選的勝算

1.顛倒錯亂的一九九八雙魚年，聲望最高的宋陳吳三位都自高處墜落，而馬、謝一介平民卻高升上來，出乎世人預料和民調之外，而筆者完全測中。但這種情勢不會在雙魚外的年份發生，所以穩若泰山的連副總統，是國民黨最佳人選和未來「眞命天子」。也就是說，陳氏與宋氏不可能像一九九八雙魚年馬英九、謝長廷的傻福，更不可能「夢想成眞」。

2.地象感應的金牛座，主導著兩千年大選情勢，正是國民黨、李連章蕭四人最旺勢的一年，李的命宮、太陽在摩羯；連有七星感應、太陽室女；章有七星三合、太陽金牛；蕭也有五星感應，太陽摩羯，形成極其強勢，顛撲不破，能攻能守，必勝與不朽的格局。當然，連氏最佳的組合還是連宋配，會得到壓倒性的勝利，連章配也有四成五以上的勝算；連蕭配亦有可能，連吳（伯雄）配則尚無此跡象，當然也可能有其他人選。

3.宋氏處心積慮，刻意經營，偷跑數年，散財無數，製造民望，支持者更用「民調」造勢，而反對黨也利用「民調」拉抬宋氏，希望分裂國民黨，使得遵守競選規則的連氏處於不利態勢，但這一切都會隨一九九八的雙魚、欺騙年而成爲泡影。

## 宋楚瑜的勝算

1.以目前現勢來看，外省人是不可能當選最高領導地位的，雖然宋氏很認眞的面對台灣民眾，想做個好好「新台灣人」。台灣民眾會不分省籍的支持一個地方首長，族群觀念不是個問題，外省籍政治人物想更上層樓會錯估形勢。如果強求「天命」，被勸進聲所迷惑，造成政情激盪，會成爲個人政治生命的終結，更會使國民黨淪爲在野黨。

2.時代遷變，政經改革是無可抗拒的洪流，被標上「反凍省勢力和反改革派」的宋氏是不可能當選「台灣總統」的。台灣民眾擔心的是「舊勢力反撲」、「外省人復辟」，深恐外省人當政會很快回到從前的外省和威權統治，這是目前台灣住民最大的夢魘。

3.如果連宋配則可能將陳氏壓得扁扁，但不容易成爲事實。連宋互爲貴人，合則兩利，分則對宋氏大大不利，被陳氏分化打壓，「高民調」變成最大致命傷，必須擺低姿態求「連宋配」，如果配不成最好不選以保存實力，獨立參選則必敗無疑，而連依然當選。星盤中沒有重要的行星和恆星會合，顯現不如李連的大格局。如果生辰正確，兩千年大選時，太陽遭逢金牛太歲，受月亮和冥王星嚴重刑剋，而金星又被木星、海王刑傷，對宋大大不利，如果參選必受陳、連兩面挾擊，必遭敗績。

4.建議宋氏學習作現代魏徵，做國家棟樑諫臣而不爲權位，抱持「總統不必在我」的心態，可得安心「自由自在」。最好效法前國防部長黑人的鮑威爾將軍，一九九六年美國大選，共和黨想提名鮑威爾作候選人對抗柯氏，鮑威爾在波灣戰爭中有功不居，當時民調人氣指數接近九成，超出柯氏許多，但鮑氏卻婉謝各方盛情，爲求族群和諧而拒絕參選。

## 陳水扁的勝算

1.天蝎命宮、火星人馬座，顯現霸氣，陳氏「眞正的敵人是自己」，「超人氣」對他反是一種傷害，一生中註定會重摔一次，從頭來過，都是天命使然。強勢的將過去精神象徵蔣家一切迅速摧毀，蔣公掛像、蔣公銅像都被移除、蔣緯國住宅被拆毀、蔣公官邸對外開放等，因時代變遷，這種作法可能是對的，但操之過急，處理不當，遭致怨尤。

2.強勢「廢娼」惹來爭議，「將色情趕出住宅區」，最後變質演成政治鬥爭，強勢摧毀色與性，更是泯滅人「性」的不當施政。獸慾般的情慾如洪水猛獸，必須適當疏導而不可壓制，以圍堵治水的鯀被殺，而疏濬治水的禹，萬民擁戴，足爲殷鑑。要記取失敗教訓，不要讓市民及外省族群感到不安和沒有希望、快樂。

3.陳氏是個好市長，更是個「走運」的政治人物，好運都歸於他。但日月水金海王五星在天秤座，顯現的雙面性格，更是他最大的弱點，亦顯現不實的特質。國民黨數十年的經營和黃大洲等前任市長的建設，才使台北成爲亞洲城市排行第五名，要緬懷過去，不可將一切成就都歸爲己有。

4.重摔下來或命運轉折時，運勢至少倒退三到五年，無法轉好，如果半年後作出大動作是大不利的，但是「身不由己」，周邊人必會將陳氏拱上舞台，事實上，將會遭到同樣失敗命運。陳氏的兩千年的參選，是個攪局的角色，足以拖垮宋氏，助連和國民黨勝選，天命如此，如果連宋配，則陳氏會像王建煊，輸得難看。

5.匆促參選大爲不利，最好沉潛時日，自我充實，準備再戰，年輕就是本錢，不要被虛假民調迷惑輕易投入大選，因爲經不起再次失敗。趙少康於一九九四年敗選後，休息不到三年又動欲念，重掌兵符，提出「鐘擺理論」卻遭致命一擊，新黨慘敗成爲泡沫，已可宣告趙氏「政治生命的終結」。

## 台灣的未來和總結

1.強勢的李總統如果兩千年退休，將正式邁入新舊交替、世紀轉換的關鍵時刻，具有時代性和指標性的意義，是國、民兩黨執政的保衛戰，也關係到國、民、共三黨的前途發展，更是台灣命運、住民前途、甚至是兩岸和戰的一場公民投票，受到兩岸四地和世界的關注。兩千年大選是「統、獨」的大決戰，更決定台灣未來的一場競爭。雖然陳氏承諾願意修正「台獨」立場，但仍嫌混淆，除非退出民進黨獨立參選，但這是不可能的事。

命宮天蠍座的宋楚瑜，金牛、獅子、天蠍的固定星座特強，是個性格剛毅，頑強不知變通的人，喜愛突顯自我，不夠沉穩圓融，如果「當政」，絕非國家和百姓之福。命宮天蝎座的陳水扁，基本星座強勢，而五星齊會天秤座，在堅持剛強的性格中，保留著婉轉屈伸的空間，較受民眾喜愛。

總結，知名度或高民調，和得票數是無法劃上等號的。「一切自有天命格局，不可強求」，「性格」、「統獨」和「省籍」鮮明對比的宋氏和陳氏，對選民都是一種壓力，也因相互較勁而抵銷戰力，如果連宋陳三人競爭，缺乏黨支持的宋氏，將如林郝拍檔和陳履安，當個「老三」，敬陪末座。

2.未來台灣將面對險惡的國際局勢和複雜的兩岸關係，我們需要的是一位頭腦細密、認眞負責、穩重踏實的政治領導者，爲了未來百年大計和政經安定，連戰和章孝嚴是當前兩位最像政治人物的政治家；我們不需要一個會作秀、愛包裝，天天不在辦公室的政治明星。本文可作爲歷史鑑證自然分曉「天命在何方」，絕非民調所顯示，「民調」也將成爲最大的輸家。

# 情緒管理實例

## 由九七激盪談情緒管理——白曉燕事件

一九九八年于白儂將自己和陳進興對談的「心理諮商」材料，欲公諸於世，在研究犯罪心理學上來說，是很好的活教材，立意良善，但卻引起震驚社會的「于白儂事件」，一般人將焦點放在「于氏不該發表這些資料」，筆者的看法則不同，重點不在這裡，而是出在「作爲一個心理諮商專家，于氏不能隨意給被諮詢者叩上一個『惡魔』稱號，犯了大忌。」由此我們可以知道，「管理情緒」和「心理諮商」是多麼神聖的事，更是須要慎重處理的大事，絕對不可以草率行之。

由白曉燕事件，讓我們瞭解巨蟹座和月亮對女性和家庭的強烈影響。筆者常參與白冰冰在TVBS的一個「命理節目」，休息和錄影完畢後，都會閒聊一下，知道她是一九五五年出生，通透天命、瞭解星象的人可以從出生年即可知道當年主要行星的位置，頭腦裡好像裝有一部電腦和星象曆。

因為一九四九起至一九五六這七年，天王星進入巨蟹座，而一九五五年太歲正好走進巨蟹，形成木天會合的不利感應，對這個年齡層的人來說，有幾項重要的命運感應：對身體和家庭造成不利影響，包括不婚、離婚、移民及各種家變、意外等現象；如果不是，則必是女性身體遭到嚴重破壞，包括淋巴腺、乳部等內分泌腺、胃部等消化系統、子宮等生殖系統或生育方面，都容易造成病變和意外；除此而外，更糟的情況是情緒問題，多數神經系統容易出現嚴重病變，容易情緒失控、愛鬧脾氣、情緒不安、精神異常、精神恍惚、意識不清、容易受驚，甚至憂鬱躁動、歇斯底里，最壞的情況就是瘋狂、自殺、傷人，影響最大的是家人和小孩。

筆者曾多次向白小姐提出警示：「一九五五年出生的人，家庭易有不可測的災變，尤其是一九九七的寶瓶年。」因爲木星和天王星再度會合。一九九七年三月，筆者參加一次該節目製作小組人員的喬遷之宴，白冰冰和白曉燕就坐在筆者鄰座，相談甚歡，筆者觀出白曉燕氣色不佳，但亦不宜直言，只是輕描淡寫的要白冰冰注意家中安全。結果四月十四日，白曉燕竟遭到綁架，至廿七日發現棄屍現場，轟動社會。

白小姐遭到如此家庭巨變，身心俱裂，情緒難抑，有許多情緒失控的表現，讓國人深表同情，好在上天有眼，嫌犯二死一就逮，陳進興落網，總算社會公理正義得到伸張。陳進興這個「超級凶犯」固然萬惡不赦，社會人士的解讀焦點亦多在陳犯身上，但筆者有不同的解讀。

生命是父母所賜與，和父母有著密切的關係，但從靈魂星象學看，每個人的「前世今生」和宗教勸善所說的「善有善報，惡有惡報」無關，而和遺傳有關，李小龍和李國豪沒有作過壞事卻英年早逝，甘迺迪、蔣公家族數代都有嚴重刑剋之象，可以證明。

白小姐出生命運不佳，家運不濟，夫君意外早亡，而子女遭到意外也是命中註定，難逃天命，白小姐宜多作自省工夫，天命如此，不要完全歸罪社會和司法，曾經多次痛罵「司法死亡」，情緒激盪，試圖影響司法，但自己卻深深的踐踏了司法，造成社會動盪與人心不安。

白小姐信仰宗教，最好學習凡事看開，則自然心開，不要再受情緒糾纏，否則累世無法「開心快樂」，而且積恨益深，對自己、對今生未來和「來世」都極爲不利。

俗話說：「財不露白」。信仰佛教的白小姐應該知道一句話：「禍福無門，惟人自招。」綜觀白氏生活和交際，過度虛誇矯飾，居住上億元豪宅，乘坐千萬元「帝王轎車」，應酬珠光寶氣，由於招搖過度，引起歹徒覬覦是必然的，應該深切的自我反省，才能重生再造，念舊重情，缺乏寬容，讓人停滯不前，難以成長。「寬容」是人性中最珍貴的美德，多些寬容，少些怨恨；多些自省，自然看開，這才是最佳的「情緒管理」。

同樣遭到家庭慘變的彭婉如夫君陳萬生，在事件發生後所表現出來的鎮定、沉穩和寬容、愛心，讓世人感受深刻，他將大哀、大痛，化成人間的大慈、大愛，社會愛心人士並因爲彭氏成立了兩個保障婦女安全的基金會，重要的是，陳氏並未把持或主導這些社團，這是他清高和大愛的表現，未來必能修成正果，功德圓滿，這種將情緒轉化、將悲情昇華的情操，是人性中最可貴的，白小姐應該多多向陳氏學習。

記得數年前有一位熱愛航空飛行的小飛行家，十一歲的美國女孩傑西卡，在最後一次由父親陪同自舊金山飛往紐約的航程中，於芝加哥落地加油再次續航的行程後不久，因爲風雨關係而墜毀，父女雙亡，這個晴天霹靂，在一個失去丈夫和摯愛女兒的遺孀和母親而言，幾乎會失去生活鬥志，甚至發瘋或情緒失控，但這位偉大的母親卻表現出無比堅強的毅志，她爲教育兒女而付出的大愛，她不以「自我中心」來看待這件悲情事故，只說了一句：「我們（父母）終於讓傑西卡作了她最想作的事（完成飛行願望）。」

這位母親完全接受這一切事實，這種開朗的胸襟和高遠的教育理念，雖然也有可議之處，但卻是健康而成熟的，收斂了自我的悲情，釋放出人類的大愛和寬容，這些都是東方民族所缺乏的，對於「情緒管理」，西方人比起東方人要高明許多。

東方民族的傳統觀念和家族親情過於強烈，重情念舊，讓人被情緒包圍，遇到突發悲情，往往嚎啕大哭，悲不自禁，像鬼哭狼嚎般，昏蹶倒地；也可能失去理性，破口大罵，甚至歇斯底里，這種情緒反應，往往影響下一代或數代，都無法擺脫悲情，甚至愈陷愈深，因悲情而成仇怨，不但對事情無補，更會遺害子孫。

## 白冰冰星盤淺析

白冰冰有個多彩多姿的一生，但也有相當不幸及波折的過去，以下是星象的簡析：

・一九四五年至一九五六年初，正值動盪和災變的天王星進入安定，主管祖國、鄉情、家庭、親情的巨蟹座，是中國近代最不幸及最動盪的年代，而在這些年代出生的人，都有不幸及多災多難的一生，對自身、身體及家庭更有莫大的衝擊。

・白氏的星盤即顯現木星和天王星在巨蟹座的感應，加強對家庭災變和情緒不安等不利和突變的潛在能量，都會在其生命最脆弱的時候爆發。

・一九九七年太歲木星在怪異、突變的寶瓶座又和天王星再次會合，衝擊著和影藝、表演藝術、政治、領導者、知名大師、運動界等有關的獅子座（相當於子女宮），造成胡金詮、李翰祥、姚一葦、林衡道等大師相繼去世，鄧小平、彭眞等兩位「最後元老」也亡故，造成莫大震盪；國內也爆發了劉邦友等八人遭殺害、彭婉如被殺害、白曉燕遭綁架殺害等重大社會案件。

・一九九七年，演藝圈也發生莫大變動，白小姐也是流年不利，父親中風、母親車禍、家庭遭逢巨變、節目相繼停播、身心俱疲，事業及人生幾乎回到原點，令人感嘆命運的無奈，希望她能堅強面對多變的人生，樂觀奮鬥，開創新生命。

・白氏有強烈的陽性特質，喜愛表演、表現，有領導能力，能成爲舞台上的主角。個性率直、自信、熱心，加上不服輸的性格，總想走在別人的前面，所以人緣很好，能掌控觀眾的心，擁有許多歌迷和支持者，成爲影藝圈中的「大姐頭」（太陽、水星白羊座，並與冥王星成大吉相）。

・白氏多才多藝，而且聰明靈巧，善於辭令，反應迅速，表達如流，是有名的「快嘴」和「利嘴」，加上記憶力特佳，敏感性和想像力極佳，是演藝圈中難得的奇才（火星雙子座、木星巨蟹座、月亮寶瓶座）。

・白氏具有強烈的母愛和親情，母女親情深重（巨蟹座木星和雙魚座金星大吉相），爲家付出一切，是難得良母型的現代女性（金星雙魚座），爲了家人努力工作賺錢（月亮和海王大吉相、月亮和土星凶相）。

・但是天不從人願，白氏的強烈性格，使家庭充滿了不可測的變數，在人生旅途中會迭遭家變（寶瓶座月亮和天蠍座土星相刑、冥王星衝犯月亮），尤其是心愛的東西如錢財、子女等，容易意外喪失（雙魚座金星和獅子座冥王星凶相），引起強烈的情緒反彈，並「訴諸媒體和社會」、「質疑司法、聲討法官」等不理智作法，幾乎到了歇斯底里的地步（白羊座太陽水星刑傷巨蟹座木星天王、土星冥王刑剋寶瓶座月亮）。

・事實上，星象學上顯現一切，白氏命中該有重重劫難，六親緣薄，刑剋重重，形單影隻，心情激盪，難以度日（土星冥王刑傷寶瓶座月亮、木星天王巨蟹座）。家族遺傳不良（月亮寶瓶座）、家庭有變數、父緣夫緣不足（巨蟹座木星天王刑傷太陽）、子女緣亦不利（金星雙魚座）。

・綜論之，白氏顯然無法接受喪女的痛楚，擺脫悲情的陰霾，更是無法面對正常的人生；而且不知自省，面對現實，迎向新生活，只知活在過去，對未來人生是無益的。事實上，愈是遇到生命重大轉折點時，就是提昇生命、心靈的最佳時刻，並能轉化生命能量成爲大智慧和超心靈境界的聖哲，切望白小姐能「超越過去」，並「轉化昇華」爲社會的一股清流，成爲貢獻大愛的人。

## 徐璐事件

多年來，筆者曾多次爲台北電台台長徐璐小姐作心理輔導和命格分析，對她的心理壓力、情緒問題、感情、婚姻、事業、運程等各方面，都做了詳盡的分析，也發揮了正面紓解和指引的作用。在言談之間，筆者也發現，在徐氏內心好像充滿著一般人沒有的憂怨、孤寂和落寞，似乎有解不開的心結和情緒問題。

記得經國先生在世，還未開放黨禁、報禁的時間，一馬當先，不落人後的自立報系記者徐璐，首先和另一位記者走訪大陸，引起政治和新聞界的震撼，並受到嚴厲的處分。

徐氏就是這麼一位有膽識、勇氣，走在社會尖端的新時代女性，讓人印象深刻。當然每一個人都是一個獨立自主，而且與眾不同的生命個體。所以都會有不同程度的「情緒」壓力，對她而言，他比任何一位女性更多了一重令人同情和關注的不幸遭遇。

數年前，徐氏在家中遭到「最痛」的傷害，這種傷害如果沒有適當紓解，可能的結果是發瘋和自殺，可是堅強的徐氏，並沒有因此被打倒，雖然心情起伏，情緒極度不安，但對人生仍然充滿希望，並切望能早日脫離陰霾，走向光明前程。

在筆者多次做心理諮詢後，終於在一九九八年中，出版《暗夜倖存者》一書，詳述六年前的「恐怖之夜」，並警惕女性重視自身安全，防範可能的性侵犯，心靈之高潔無人能及，對情緒的處理作了最佳的處理，情緒固然需要發洩，更重要的，如果懂得星象學，就能將情緒問題作最適當的處理，心靈的提升，讓徐氏走向嶄新光明的未來，足爲世人學習。

## 徐璐星象淺析

・徐氏本應是個衝動、莽撞，作事有頭沒腦而帶神經質的性格（命宮、金星、火星在寶瓶座，太陽、月亮、水星在白羊座）；但是她也有堅強的毅力，也有極佳的「重生再造」的能力（月亮、土星、冥王星大吉相位），懂得生命能量轉化爲事業奮鬥的衝力，終能作到台北電台台長（天秤座木星和天蠍座海王星會合，木海和命宮大吉相）。

・徐氏有極佳的格局，凡事遇到困難和壓力（火星、天王刑傷木星、海王），她都能順利化解，不受悲情感染而灰心喪志（月亮、土星、冥王，太陽、天王、中天雙重大吉相位）。崇高和潔淨的心靈，人道主義關懷，讓她作出對社會最有意義的事，將個人經歷訴諸社會，藉以轉化生命磁場，發揮人間大愛（月亮和木星、海王，刑傷寶瓶座火星）。

# 2

# 從天文學上看月亮

# 認識太陽系

以太陽爲中心而形成的日系星象組織，在望遠鏡發明以前，先民用目視即窺知水金火木土五星與日月地球諸星，而人在地球上生存，日月五星運行天中，古稱「七政」，自十八、十九、廿世紀分別發現天王、海王與冥王星三星（或合稱三王星），成爲九大行星，科學以實證爲依歸，故以冥王星爲日系最遠邊緣，但星象家排佈星盤，除採九大行星外，並擴展至冥王外一倍餘之空間，約合83天文單位，即在冥王星外找出屬於日系軌道九個感應交點，使日系成爲九陽（星）、九陰（象）共十八星象組成的行星系統。

以「地心系統」而言，太陽、水星、金星、月亮四星爲「內行星」，火星、木星、土星、天王星、海王星、冥王星等六星爲「外行星」，而冥王星外另有海王系感應點八個與冥王系感應點一個，共有九個象（星指實星，象爲軌道感應點）。

詳見下表，太陽系分爲陽面九星和陰面九星兩層共十八個星象感應。

### 陽面九星

「最遠的星」爲冥王星，距日39.41天文單位（地球至太陽距離爲1個天文單位）繞日恆星周爲248年。

### 陰面九象

「最遠的象」爲波塞頓，距日82.8天文單位，繞日恆星周爲740年。

## 太陽系星象簡表

| 說明 | | 星象名 | | 距離天文單位 | 恆星周 | 衛星 |
|---|---|---|---|---|---|---|
| 陽九星 | 內行星·外行星 | Sun | 太陽(日、金烏) | 0.000 | 2,5500,000年 | |
| | | Mercury | 水星(辰星) | 0.387 | 88天 | |
| | | Venus | 金星(太白，長庚) | 0.723 | 224.7天 | |
| | | Earth | 地球 | 1.000 | 365.25天 | 3 |
| | | 3Mars | 火星(熒惑) | 1.524 | 687天 | 2 |
| | | Jupiter | 木星(歲星) | 5.203 | 11.86年 | 16 |
| | | Saturn | 土星(塡星) | 9.539 | 29.18年 | 17 |
| | | Uranus | 天王星 | 19.18 | 84.01年 | 15 |
| | | Neptune | 海王星 | 30.06 | 164.8年 | 8 |
| | | Pluto | 冥王星 | 39.41 | 247.7年 | 1 |
| 陰九象 | 超海王八星·超冥星 | Cupido | 邱比多 | 42.1 | 262年 | |
| | | Hades | 黑底斯 | 50.6 | 360年 | |
| | | Zens | 宙斯 | 57.3 | 455年 | |
| | | Kronos | 克婁諾斯 | 62.4 | 521年 | |
| | | Apollon | 阿波羅 | 68.9 | 576年 | |
| | | Admetos | 阿德美多 | 71.5 | 624年 | |
| | | Transpluto | 超冥王 | 77.8 | 656-85年 | |
| | | Vulcanus | 渥卡努斯 | 78.7 | 663年 | |
| | | Poseidon | 波塞頓 | 82.8 | 740年 | |

# 月亮的起源

太陽是銀河系中無數恒星的一顆，它的周圍有許多不會發光的星球繞著它旋轉。它像一個小部落中的酋長一樣，統領九大行星：水、金、地、火、木、土、天王、海王、冥王，數千顆小行星，以及大行星屬下的衛星，彗星和流星等；這些星體都是以太陽爲中心，受其引力的支配而運行，形成一個小組織，稱爲「太陽系」。太陽居於太陽系的中心，眾星圍繞著它在運行，地球一年365.25天繞行太陽一周，其軌道面稱爲「黃道」。而月亮每29.5天繞行地球一周，其軌道面稱爲「白道」。

關於月亮的來源，歷來就有各種不同的說法：

其一、是地月兩體像是姊妹的關係，它們同時來自構成太陽系的星雲物質。

其二、是地月兩體像是母女的關係，理由是地球早期旋轉速度極快，因而分裂出一個小形球體，這個小球體就進入地球軌道。

其三、是地月兩體像夫婦的關係，理由是月亮來自太陽系的某一地方，當其行經地球附近時爲地球引力所捕捉，在軌道上運行成爲地球的配偶。

現在人類已登陸月亮，並且取回月亮上的塵土與石塊等標本，實爲研究月亮誕生的好資料。月的稱號很多，古代均以「月亮」、「太陰」爲名，恰與「太陽」相對。在詩人騷客筆下的名稱可就多了，如蟾蜍、玉蟾、圓輪、玉兔、銀盤……等等，不勝枚舉。

月亮是地球三個衛星中最大的一個（其他兩個是小星雲），其距地球最近約222,000哩，最遠約253,000哩，它的本體比地球小，體積有5,291,500,000立方哩，只有地球四十九分之一。面積有14,683,500平方哩，相當於地球十三分之一，比全歐洲的面積約大四倍。月亮表面重力只有地球六分之一，所以太空人在月亮上，雖然穿著笨重的太空衣，仍然行動敏捷，操作自如。

月面上的逃速度（脫離速度）每秒一哩半，超過此速度的物體都會脫離月亮，所以月面的空氣都逐漸溜走，投入太虛而去。月面的形象極其複雜，我們將它歸納成四類來說：

第一是寰形山：就是成圓圈狀高起來的寰形山，大大小小總數有三萬。

第二是海：因爲月面沒有水，該稱它平原才是；但現在一般仍沿用過去的名稱。

第三是山：就是地上綿長的山脈，這些山脈由日光照射的陰影，可計算得其高度。

第四是放射狀和裂紋：過去天文家以爲是月面火山爆裂後流出的熔岩，亦有人以爲是月亮受流星撞擊後的裂縫，究竟爲何，至今還是一個謎。

# 人類對月亮的觀測

《易經》繫上說：「在天成象，在地成形。」《賁》彖曰：「觀乎天文以察時變，觀乎人文以化成天下。」是知天地與人文之感應。

人類歷來對月亮的觀測，約可分爲四個階段：

## 一、目視觀測

先民仰觀天文，目視星象運變，見到月面之陰影，古有「輪滿待逢三五夜」、「一二三四月如眉」、「歷草隨弦長，珠胎逐望虧」等句，並以日月運變而定曆明數，觀日佈節氣，察月定朔望，正《革卦》象曰：「君子以治曆明時」，推步曆數由是生焉。在此時期，人類尚無法透徹月亮奧秘，對月面上不變的陰影產生諸多遐想臆測，有云：「杳杳低枝，拂孤輪而挺秀；依依密樹，侵滿魄而含芳。」又有「月中何有，玉兔搗藥」、「涼宵煙靄外，三五玉蟾秋」。而蘇東坡雖高吟「明月幾時有，把酒問青天」，卻不信月宮傳說，曾云：「掛空如冰鑑，寫此山河影，妄言桂兔蟆，俗說皆可屏。」

## 二、遠鏡觀測

自伽利略研製發明天文望遠鏡後，首先觀測的天體即月亮，口徑雖小又有嚴重色差與像差，但已測知月亮非一輪冰盤，而是佈滿千瘡百孔的坑洞，從前肉眼所見陰影實爲一些較爲平坦之月面。其後天文望遠鏡之製作益精，至今已逐漸瞭解月亮表面乃是死寂一片之世界，除了大坑洞（如寧靜海、哥白尼坑）外，還是坑洞，月表上約有上百萬個大小不同的火山坑，尤以月亮背面爲多。

## 三、探月觀測

自民國四十六年十月四日蘇聯首次發射史潑尼克一號Sputnik I人造衛星後，美蘇即展開一場至今未衰的太空爭霸戰，五十年四月二十一日蘇聯賈加林更作人類首次太空飛行，美國亦展開信使神、雙子星、太陽神、太空實驗室與太空梭等太空計劃，人類開始乘坐太空船在月亮軌道上作近距離觀測，因地表有一層大氣影響，望遠鏡無法發揮全效力，今日卻可飛近月亮，尤其是背面作實際觀察，月亮因公轉與自轉速度完全相同，故總以相同一面對向地球，雖然月亮有其經度與緯度之「秤動」，然僅能讓我們多看到少許側面景象，但亦極其有限。而在繞月飛行軌道上卻可清晰看到月亮神秘的後背，月亮背面因缺少地球的保護，故易受更多隕石的攻擊，呈現一片崎嶇，更多坑洞的淒涼世界。

## 四、登月實測

美國阿波羅十一號計劃於民國五十八年七月二十日作人類首次登月探測，實現人類千古以來的夢想，太空人站在月亮表面上實地觀測，並挖回一些土壤石塊作進一步研究。未來美蘇並計劃於廿一世紀建立月亮基地，進行星際探測。科學家已確知月亮上沒有空氣（但偶爾會出現水蒸氣雲）、沒有水、河流、冰川、湖泊、海洋、乃至風霜與氧化的侵襲作用，但隕石的撞擊與太陽風磁場的撞擊，仍然能使月表時或改變地形景觀，或出現浸蝕現象，故知月表並非一成不變。月亮是地球忠實伙伴，亦是天文物理試驗品與太空中繼站，未來太空載人航行技術進步至星際或恆星際飛行時，月亮將成爲重要基地，不過由於潮汐力量的影響，月亮終有一日將遠離地球，但其變化極其微小與緩慢，故月亮尚有數十億年可與地球和人類相伴。

# 科學家的謬論

「不妨把月亮炸掉，以挽救地球生態環境。」

愛荷華大學數學系教授亞歷山大・艾比恩建議，爲了調節日趨惡化的地球生態環境，我們不妨把月亮炸掉，讓嫦娥變成無殼蝸牛。

艾比恩說：「雖然地球在同一條軌道上已經運行了五十億年，但這並不代表對地球的生態而言，這是最理想的一條軌道。」

艾比恩指出，只要改變地球的重力場，就能使整個地球移往一個更適合人類追求高科技生活的軌道，或至少使地軸不再作廿三度多的傾斜，使炎熱的夏季與寒冷的冬季從地面上絕跡。

改變地球重力場最簡單的方式，就是改變月亮的現況。方法有五：

1. 減少月亮的質量。
2. 把月亮分解爲兩塊或更多塊。
3. 改變月亮的軌道。
4. 乾脆把月亮完全炸個粉碎。
5. 把月亮的一部分移植到地球上，理想的位置可能是太平洋和南極洲一帶。

他說：「我們已經習慣現有的地球軌道，就像舊鞋子一樣，很多人對舊鞋戀戀不捨，其實只是因爲他們不想重新適應新鞋子罷了。」仔細想來，環境問題的確與氣溫有密切關係，但千古詠月的詩文，也令人低徊難捨。

## 說明

以上是科學家所言，畢竟他們所能瞭解的，只是天地的一小部份而已。

科學家經常以狹隘的實驗、實證爲基礎來批判一切，難免以小看大、以偏概全、以管窺天，只要抓到一點皮毛證據或經驗，就否定一切天地與自然的規則。事實上，並不能以此驗證天命自然的一切道理或法則。科學家多是鑽牛角尖的奇才異能，專門研究天地間的一些例外和變數，並以此否定天命自然七成不可改變的道理，實在不足爲師法。

哲學與科學相異之處，就是它能包容一切天地自然的道理，追尋的是宇宙固定不變的法則。事實上，一切天理有七成是絕對無法更易的，此即所謂先天之道，只要抓住這固定不變的大道，就能洞徹天命自然的一切，但也會有三成左右是不可測的、特殊的、怪異的或例外的變數。

月亮與太陽同時構成地球運動的陰陽兩種磁場力量，陰陽是互根的，四象是互體的，陰陽交互爲用，不可或缺，在天文科學上，三體的關係是：

1.太陽屬陽，月亮屬陰。但太陽是經過電離化的空心電漿星球（日爲離中虛、爲陰卦）；而月亮則可能是外天體星雲飛來的外星生物人工製造之堅實固體的星球（月爲坎中滿、爲陽卦）。

2.太陽是光芒四射、自行發光的陽象星體；月亮是極奇冰冷、反射陽光的陰象星體。但太陽在太陽系中只有自轉，爲不動的恆星，爲陰靜之象；月亮卻是除自轉外，還有繞地球與隨地球繞日的公轉運動，爲伴隨地球運動的伴星，爲陽動之象。

3.早期人類認爲地球繞太陽運動，而月亮繞地球運動，故太陽爲恆星、地球爲行星、月亮爲衛星。但相反的是月亮生成的年代最久遠，約五十億年以上；太陽生成的年代居次，約四十八億年；而地球生成的年代居末，約四十六億年。

4.以地球上的四時寒暑與晝夜陰陽言，暑爲陽，是長於寒之爲陰的；又晝爲陽，是長於夜之陰的。但在地球上卻是海洋（屬陰柔），佔全面積80％，多過於陸地（屬陽剛），只佔全面積20%。

在星象學、地理學與生物學上，三體的關係是：

1.實際上，以地球而言，太陽與月亮非祖孫關係，而是父母的關係。若地球爲陽性、男性言，則太陽爲父、又爲自己，月亮爲母、爲妻；若地球爲陰性、女性言，則太陽爲父、又爲夫，月亮爲母、又爲自己。

2.男性爲陽，永遠是多過女性爲陰的；但所有男性皆是母體、女性所生。

3.男性爲陽剛、強悍象，女性永遠是陰柔與嬌媚的。但女性壽命，經常長過於男性。

4.男性的主動、積極與攻擊性，常造成少數女性的傷害；但女性的陰柔、驕媚與吸引力，卻能征服天下所有的男性。

5.以地球來分陰陽，東方陽面爲亞、澳、大洋三洲，佔全球陸地面積約

70％；西方陰面爲美、歐、非等三洲，佔全球陸地面積約30％。但東方人較矮小、陰柔、韌性與耐力強，以農業爲主，較爲貧窮，智慧較高，形上哲學較爲發達，政治較爲專制、民風較爲保守；而西方人較高大、陽剛、韌性與耐力不夠，以工業爲主，較爲富有，知識豐富、資訊科學較爲發達，政治較爲專制、民風較爲開放等。

6.陽剛動物如虎、獅、狼等，是具有利爪與尖牙、攻擊性強的生物，永遠是勝過陰柔如牛、羊、鹿等，草食性、無抵抗力的生物。但最陰柔與脆弱的水中生物之種屬與數量，大大超越陸地上的動物。

以上舉例，在於證明哲學的奧秘是包容天地的，並整合出其原理、原則與顛撲不破的眞理，如易經與星學等即是，至於科學或科學家則是以管窺天，專挑一些天地法則之外之例外與變數，用些歪理否定一切哲學理論，就等於一個人出生，從來沒有見過祖父，就否定其曾經存在之事實，是以偏概

全的偏見。

如上所言，我們知道月亮與地球、太陽間關係之密切，如果像科學家所言，將月亮炸毀，則地球與人類將出現下列狀況：

1.地球因引力之不平衡而脫離軌道，被太陽吸引進入「煉獄」中而毀滅。

2.四時寒暑失時與晝夜運轉皆失序，人類與生物亦將全部滅絕。

3.女性生理周期頓失，無法生育，人類亦將滅絕。

4.地球植物將因無光合作用而枯死，地球表面也將失去賴以生存的氧氣。

5.人類將失去情感、溫情、親情、情緒，人體失去流體物質、淋巴腺．內分泌腺等，甚至失去生殖能力。

6.其他，不勝枚舉。總之，任何一項，皆足以使人類與生物全部滅絕。

# 月亮與地球關係

地月關係至爲密切，古以日爲太陽，月爲太陰，俗稱日月爲金烏玉兔，日光月精也。參同契云：「天地構其精，日月相撢持，雄陽播玄施，雌陰化黃包。」天道以陰陽，秘書云：「日月爲易，象陰陽也。」是知天道感應有陽必有陰，以地球言，陰陽感應即日月運變也。事實上，月亮雖爲地球之衛星，但因距地球頗近，故產生之磁引感應極大，對人亦產生重大影響。

美俄先進國家爲窮究宇宙奧秘並解開月亮不解謎團，科學家努力不懈，終於一九六九年阿波羅十一號計劃成功登陸月亮，又於十八號飛行時與蘇聯太空實驗室計劃（Skylab），獲得空前的科學發現與突破。

科學的新發現固然使科學家興奮雀躍，但相對的卻使科學家陷入更深一層的困惑與迷惘中。以宇宙之昊渺，而人類所能知者僅京垓之一而已，例如與地球關係密切的月亮而言，不但數千年來是個最神秘令人不解之謎，即使今日科技大進，登陸月亮與外星之際，但仍有諸多疑難困煞著科學家，或許人類永遠不可能解開月亮的奧秘，根據世界一流科學家蘇聯皇家科學院之巴金與西加巴柯夫等，提出許多證據與分析報告中，言之甚詳，諸如：

1.水金兩星均無衛星，而地球竟有三個大小不等的衛星，巨大的月亮直徑遠較冥王星更大，據宇宙自然法則顯示，月亮天體如此龐大是不可能有環繞地球現象，月亮直徑有地球四分之一尚餘，如與其他行星比較，其最大之衛星與行星直徑之比爲：木星千分之卅七、土星千分之四三、天王星千分之三一、海王星千分之七六，即木土天海四星最大衛星僅爲環繞行星百分之一不足，顯係四星的電離化的星體在快速旋轉時，被拋離主星而形成諸小衛星。

由此證明，地球爲岩石堅硬的星體，絕無可能在緩慢旋轉時脫離分裂出大塊物質構成月亮，因此龐大的月亮並非在自然情況下形成，或係一小行星或遊彗，經行地球引力範圍時被牽引進入繞地軌道。

2.月亮雖係衛星，卻有與眾不同跡近圓形之運行軌道。

3.月亮表面有超過百萬個以上的噴火口，且有三分之一直徑在八公里左右，或係隕石撞擊而成，乃因月亮無大氣層，隕石會以猛烈速度墮落。而地球上則因隕石在進入極厚的大氣層後燃燒殆盡，故地表上火山坑洞極少。但在漫長時代，月亮與地球共同處於環境太陽軌道上，撞擊地球之隕石數量應相當多，但地球上能見到之巨大噴火口地形卻屈指可數，而爲何月亮獨多？令人費解。

4.月亮表面噴火口底部異常淺。

5.月亮赤道表面之膨脹極不自然。

6.月亮岩石較地球年代更古老，甚至比太陽的生成年代更爲久遠。至今發現：

月亮最早生成年代約50至52億年間。

地球生成年代則在46至48億年間。

太陽生成年代則約50億年左右。

7.月亮只有「被翻過來」的一面朝向地球，而另外不見之一面，永遠無法朝向地球，爲眾星中絕無僅有的。

8.月亮上之海（大火山口）重力集中（表面重力加速度）與河川遺跡等，完全充滿謎樣不解之現象。

9.月亮本應爲乾燥世界，卻偶而出現水蒸氣雲。

10.月亮像一座巨鐘，可以長時間將振動傳達到遠距離。

11.太陽神計劃中所發現之資料，存在太多之矛盾與不解，其間並發現月亮上有可疑之圓形屋頂之建築物與幽浮基地，使太陽神十八號改變登月計劃而進行美蘇聯合太空探測，並取消以後所有登月計劃，進行太空梭與永久太空站計劃。而月亮之謎並未因登月而破解，仍然充滿著神秘不解，目前尚無法探究出月亮眞正身份，其生成原因尚待研究。

# 由星象學看月亮

月亮是最接近地球之星體，也是地球與人類不可或缺之要素。它影響著地球海洋之潮汐作用、植物生長的光合作用、人體各種周期、人類情緒、反應、記憶力、自我保護、安全感、人類體液與腺體的分泌等皆有關係。

月亮是奇特的星，從前認爲太陽是恆星，地球爲其行星，而月亮爲地球之衛星。實際上月亮本是太陽系外的星體，其後爲太陽與地球的引力捕捉，而進入地球軌道，成爲與太陽平等地位的太陰，亦是地球生物生存的依靠，且爲不可或缺的兩種神秘力量。

月亮是地球的好鄰居、好親戚。以實際星象言，地球與月亮爲夫妻的親密關係，地球的「原住民」是男性居多的陽盛陰衰局面；而外星人居住的月亮，原爲女多男少的「女兒星」，外星人將女性送至地球，如此陰陽、男女的結合而綿延繁生爲現代人類，故星象學上月亮和遺傳、生殖有關，所以將月亮視作家族、親族、母親和來至母親方面的遺傳等。

從物理觀點來看，月亮是我們最近的鄰居，也是地球上生物生存不可或缺的重要感應，其引力的中心點在地球的黃道磁場引力範圍內，所以太陽、地球與月亮「三體」之間就產生了諸多微妙的感應。

以我們生存的地球來看，除太陽外，月亮是第二顆重要星體，在星象學上的地位，月亮是僅次於太陽的，它影響著人類生活和所有生物活動，關係重大。

# 地球另外兩個衛星

地球除有巨大的月亮外，另有兩個小衛星。第二個衛星稱爲「莉莉Lilith」，第三個稱爲「露露Lulu」。早在一九一八年九月二日義大利科學家Riccioli已發現「莉莉」，其後德國三位科學家相繼於一七二〇、一七二一、一七六二、一七六四年多次發現，其物理數據如下：

如以莉莉與月亮作一比較，月亮爲一個堅實外殼，直徑龐大，反照率強的星體，而莉莉則爲一個光度極其晦暗，由骯髒星塵構成的暗黑星雲，光度與月亮相差達廿七星等之距，非以巨大望遠鏡且須經長時間觀察，方可發現其芳蹤，莉莉體積雖小，但星象家極其重視，早已編訂星曆並排佈於星盤中，成爲一顆重要主星。

| 摘　　要 | 莉　　莉 | 月　　亮 | 地　　球 |
|---|---|---|---|
| 1.星等 | 14.1 | -12.70 | |
| 2.直徑 | 700公里地球1/8 | 3475公里地球1/4 | 12753公里 |
| 3.體積 | 地球1/80 | 地球1/49 | 1 |
| 4.質量 | 3×1014克 | 7.35×1025克 | 5.9732×1027 |
| | 地球1/5×1012 | 地球1/81 | 1 |
| 5.會合周 | 177天 | 29.53天 | - |
| 6.恆星周 | 119天 | 27.322天 | 365.2422 |
| 7.每日運動 | 3° | 13°.18 | 0°.998 |

莉莉和月亮都代表人類天性中不同層次的情緒和反應。

## 月亮（夏娃）

・月亮代表著凡塵的女人、原始和基本的情緒反應、兩性中具有的母性本能、人類的繁衍生殖等。

・最主要的性質是感情、人情、人緣、親切、興趣、想像力與好奇心，和情緒化人格的對立特質，人格中隱藏有不為感情所動的邏輯能力與成長狀態等。

## 莉莉

・莉莉代表物質的情緒狀態、本能的思考、非個人的反應、與個人無關的反應，女人脫離傳統的角色，如現代社會的趨勢、創造性、想像力、非個人化的能力、不照情緒反應的能力。

・它有助於情緒的成熟，最後能理解昇華過程的力學程序；美感、使命感、人格化的終極能力、情緒化人格狀態的對立特質，人格中隱藏有不爲感情所動的邏輯能力與成長狀態，和月亮同樣具有這種本能，但在層次上有所不同。

# 3 月亮的神祕現象

# 巨蟹座和月亮神話

自古月亮即被視爲陰性象徵，但阿爾巴尼亞人與佛里幾亞人卻獨持異議，認爲月亮爲男性祭司所主宰的陽性行星。古代拜月的儀式相當殘忍，必須用血作祭禮，有時利用犧牲者的內臟占卜未來。希臘並無月神的神廟，羅馬則有兩座月神廟。

西洋對於月亮的神話並不多，在神化中主「潘朵拉」女神。但在敏感的中國人，是被談論最多的星體，更是騷人墨客最「鍾愛」的一顆星。

巨蟹座最早傳說於巴比倫，在埃及被稱爲「水的星座」，象徵兩隻烏龜，或阿露兒（Allul，一種不明的水中生物）。三月下旬的傍晚，可以在南方天空中看到，中央有四顆星造成一個四角形，周圍有數顆星的點綴，整個形狀就像螃蟹的甲與腳。當太陽投宿在巨蟹座的時間是六月二十二日到七月二十三日中間。

希臘神話中，這隻螃蟹是保護自己的領域，並且是嫉妒女神「赫拉」的使者。

在希臘神話中，英勇的海格利斯，必須完成十二項使命。巨蟹座是在他完成第二項使命時產生的。海格利斯奉天神宙斯之命，去雷洛尼沼澤畔，消滅吃人八頭怪。這件事被天后赫拉知道了，她自言自語地說：「哼！海格利斯，你多次讓我出醜，這次正是我報仇的機會。」她悄悄地跟蹤海格利斯到雷洛尼沼澤。海格利斯花了好幾天的時間，才把八頭怪引出來。八頭怪兇猛無比，海格利斯奮勇與之搏鬥。眼看就要將它制服時，突然多出一隻巨蟹參戰。這隻巨蟹正是赫拉派來的，海格利斯心想：「分明是有人要與我作對，等我擺平八頭怪之後，再來對付你這隻螃蟹。」巨蟹鉗著海格利斯的右腳，但海格利斯忍著痛楚，繼續與八頭怪作戰，終於把八頭怪制服了。這時，巨蟹仍鉗

著海格利斯的右腳不放，海格利斯一氣之下，用左腳把它踩得稀爛。赫拉看見巨蟹被踩死，非常難過，便把這隻巨蟹移至天上成爲巨蟹座，象徵著浪漫。

被赫拉使喚的螃蟹仍然堅強的保護著自己和自己的黨，具有愛自己、愛社會和愛國家的民族精神。它的記號表示「母性的迴轉」，也是保護子宮和卵巢的形狀，還表示從這兒出生的保護與保育精神，以及強烈的防衛本能。

巨蟹座的守護星是月亮，守護神是黛安娜。據說黛安娜是太陽神阿波羅的姐姐，他們姐弟倆都精於箭術，因此也是狩獵之神。

月亮的特徵是反應力、想像力、神秘感。同時，爲了守護自己與自己的家而使之富裕，在腦子裡也好，家裡也好，可以把什麼東西都收集、儲蓄起來，屬於多能的人。但是，另一方面由母性的防衛本能而來的排除他物的衝動，與歇斯底里的自我主張，比一般人要多出許多。巨蟹座期間的太陽，就是夏至節氣，可以給這個星座的人一種溫暖、熱情和強而有力的生命力。

# 月亮的神祕現象

哲學家與星象家認爲太陽是感應地球的陽性星體，月亮是感應地球的陰性星體，其外表是空無一物，事實上，月亮是地球的親家與人類的娘家，外星人居住在月亮的內層上，是人類的至親與妻舅。

外星人自古以來無數萬次的造訪地球，是善意的，也來探親的，地球人應予款待才對，可是地球人常視之爲怪物與仇讎，並屢次殺害外星人。前文提到外星人常綁架地球人，也是在研究人類的生殖問題，以造就更優秀與新品種的新地球人，但從未聽說傷害過地球人。今日地球已被自稱爲「萬物之靈」的人類破壞殆盡，並到了無法居住的地步。

在星象學上，月亮主宰地球潮汐、植物生長與光合作用、動物的繁衍與生殖，人類的情緒、記憶、反應、內分泌、液體、腺體、淋巴組織等，與女性的一切與生理組織，如子宮、月事周期、懷孕、母性的原型、母愛、親情、溫馨、甜蜜、自我保護、安全感、感性等，是極其重要與不可或缺的星體。

科學家則認爲太陽是恆星，地球是繞日的行星，月亮則是繞地球的衛星，在月亮上是空無一物的死星體；地球之外沒有任何有生命的生物，是妄自尊大、數典忘祖的想法，將外星人視作是侵略地球的「惡魔」或「煞星」，由此可知，科學家的無知與幼稚，宇宙的奧秘不是專門鑽牛角尖的科學家所能洞徹的。

下面幾篇是有關月亮的報導與資料。

# 月亮火山口發現美轟炸機

四十年前的美國一架四引擎重轟炸機，竟然停留在月亮的火山口上（見圖），而被蘇俄人造衛星拍攝的照片發現，這項震憾的消息披露後，世界科學家都傻了眼，異口同聲表示，這種事有可能嗎？

據外電宣稱：這是一架第二次世界大戰期間，美國空軍使用的四引擎重轟炸機。首先從人造衛星照片中發現一個白

資料來源：亞洲時報。

點，經由照片逐步放大，是架美國軍用飛機，令他們大吃一驚，從飛機本身可以清晰的看到白色星字型標幟，再加研判，機身損毀地方不少，可能被隕石撞擊造成，又有綠藻形的物體披掛在這架飛機上，這種綠藻很可能就是海中的海藻。

對這架美軍重轟炸機出現在月亮上的這項消息，美國官方並不予以置評，一位太空專家認爲：這件事簡直太荒謬了。但蘇俄科學家麥克耶夫是世界上頗有知名度的人，發表這項消息，相信不會是假的，並堅持認爲這是貨眞價實的證據，從衛星攝得的照片不可能僞造。

在瑞士的幽浮「UFO」組織的主席威廉，格瑞特則力促美國與蘇俄必須對這架飛機眞僞查個水落石出。美國太空總署仍保持審愼的態度，事後也認爲，決定要派出一艘太空船再度登陸月亮上查個虛實。

依蘇俄太空科學家麥克耶夫與瑞士幽浮的專家們認爲，如果這架飛機上有綠藻披掛，很可能與神秘的百慕達三角地區有關，但是先要找到百慕達三角洲的證物，如能吻合就可以揭開該地區的神秘眞面目，換言之，百慕達三角洲就是外星人在地球上的海洋基地。

一般臆測，在百慕達三角區失蹤的飛機，由外星人利用幽浮從海底攜帶到月亮上，是很有可能的。

因此，對百慕達這個謎必須要在月亮上的美軍飛機表面披掛的綠藻上弄得一點線索，將會得到答案。

月亮表面驚見轟炸機，疑幻又似眞、匪夷所思、光怪陸離的現象，將重寫人類文明史。一架美國四引擎重轟炸機四平八穩地，停放在月亮的火山口上（有照片爲證），此項消息經披露後，不僅令世界科學家一致認爲不可思議！同時也令美國太空總署感到這簡直太荒謬。這事件究竟是事實，抑是蘇俄太空機構，拿美國「窮開心」，以衛星照片拼湊加上飛機機型翻照，以僞亂眞，來捏造其眞實感。

但是從外電報導中指出：蘇俄太空科學家斯坦尼斯夫，麥克耶夫博士以堅定的口吻說，這是貨眞價實的證據，在衛星拍攝的照片不會是僞造的，它確實把這架重轟炸機留在火山口上的實景照得一清二楚。

由於這位蘇俄科學家麥克耶夫，是世界科學家中頗有知名度的人，不得不使其他科學家們認爲此一席話是有「可信度的」的。

事實歸於事實，疑問的存在有所難免，因爲科學家們認爲一切事實的經緯都是講求於證據所在，並非憑這一幀照片就可以獲得答案。因而瑞士幽浮組織機構的主席威廉・格瑞特表示：將力促美國與蘇俄必須對這件事查個水落石出，言下之意，希望美、蘇兩國太空署攜手合作派出太空船，再次登上月亮查出虛實，避免混淆視聽。

不論這架美軍飛機在月亮上是眞或是假，在地球上的我們不免有些疑問來進行探討：

1.從飛機光影來看，這架飛機是否可能是模型？因爲其光度來自飛機尾部照過來，衛星攝影機是取自於它的左翼方向拍攝，而呈顯出機翼的影子同時在火山口上，其機尾位於火山口邊緣與光線係同一方向，因此照不到，顯示一片暗影，因而感到這是太陽光的照射不無可能性。如果說是以模型擺設翻照，那衛星照片必須放大好幾倍，才會有眞實感，假如蘇俄眞想要捏造並不困難。問題是這架衛星攝影機是否正在搜集月亮背面的火山資料，有沒有確實火山名稱，是在月亮那個方位的火山口都不得而知？蘇俄方面，並沒有明確的交代。

2.一般人曾知道有幽浮這個名詞，也從報導中獲悉美國空軍也目睹有幽浮的存在，試問幽浮在整個世界各地的資料中，能否分析出幽浮究竟有多大？有多大的吸力才能把地球上巨無霸重轟炸機弄到月亮上去，從另方面來想，會不會是利用飛碟來搬運的呢？

3.這架飛機外體有海藻，令人懷疑該機究竟是否從海底撈起攜走的？因爲唯有海底才有海藻這種物質，那麼海藻附在機身，在快速通過大氣層進入太空之際，這種植物性的海藻，難道不會被高熱溶化掉？除非是眞的用幽浮裝運上去，而減掉了空氣層中的摩擦，否則很難講得通的，再者海藻在月亮沒有氧氣的狀況下，是否可以生存而不褪色，這也是值得人們懷疑之處。

4.從衛星照片中看到，月亮的火山口究竟有多大的空間尺度，這架飛機會如此的被容納恰到好處，也許衛星攝影的距離較遠之故，如果是在近距離的拍攝，那麼這個火山口的面積與飛機的比例有多大，也不免令人猜疑。

5.這架飛機經過蘇俄太空署研判已有很多損毀之處，是否受到太空中的隕石撞擊造成的，抑是在海底中由於海水的浸蝕，或者在攜至太空途中金屬體承受不了熱度，引發了損毀，但從飛機外殼看，似乎很完整，而機身的金屬體在光度的照射下，有光澤的反射，這點實在令人驚奇不已，在沒有氧氣的眞空空間裡任何物體均是如此嗎？

6.科學家對這幀照片中的飛機研判上，能否瞭解它如果在百慕達三角地區失蹤，假設沈於海底有多久，機體本身爲金屬片，對海水的腐蝕有沒有影響。這架飛機上了月亮「廣寒宮」呆了多少時間，這是非常耐人尋味的問題，也希望能獲得答案。

7.百慕達三角地區，經常有船艦、飛機無故失蹤，這些是否與外太空（外星人）有關？如果這架飛機是眞的被弄上了月亮，百慕達地區就難脫干係，問題是如何來證明，這是科學家要來求證最大的關鍵所在。

8.美國太空總署對此事件，從其表面的不加以置評，空軍方面也不對此事有所渲染，盡量封鎖各項發展的結果，可以相信蘇俄當局是非常重視這件事，目前最基本的資料，美軍的每架飛機均有機種與編號，可使查明四十年代前期，有多少類似機種的飛機失蹤於無形，再以太空船登上月亮查清楚，就可獲得肯定的結論，除非這是一場經過佈局的謀略性故事，以製造國際間的一次大震憾！使人們受到戲劇性的愚弄……。

如果以嚴肅的態度來看，這位頗有知名度的蘇俄科學家麥克耶夫，相信不會以此事來跟各國科學家開這種大玩笑，對他而言，不但沒有如此必要，反之會影響他在世界科學界的身份和權威的。

因此月亮上有架飛機是眞，或是假，美蘇太空船是有必要再去探討一次？對百慕達這個地區海底能搜出一點線索，再與飛機表面的海藻一起印證，相信會使該地域多次神祕的機艦失蹤事件得到答案！除非美國與蘇俄在太空競賽當中，有任何協議存在，對於其眞假，始終三緘其口，不作任何評論和發表，這對地球上的我們，將會是一種遺憾。

# 外星人研究人類生殖問題

UFO綁架事件頻傳，外星人似乎在研究人類的生殖問題，美國學者研究發現，外星人擄走不少地球人，採集精子或植入胚胎實驗，調查顯示六十名被綁者有共同遭遇。

一本取名《不爲人知的生活，幽浮綁架事件第一手見證》的新書，訪問了一些據稱有過被幽浮綁架經驗的人，據受訪者表示，外星人一再來到地球抓走人類，帶去進行繁殖實驗。

該書作者賈克布士是潭波大學教授，專攻二十世紀美國史，他承認說，他書中提出的證據性質稀奇古怪，大多數嚴肅的科學家通常會斥爲無稽之談及聳人聽聞。

不過他在最近一次受訪中說，六十名遭綁架者述說了三百多個事件，故事內容連「最細微的情節」也十分雷同，他認為沒有理由不予採信。

哈佛大學醫學院教授麥克博士本身，計畫出一本同樣題材的書，他在賈克布士書的序言寫道，「人口調查顯示，光在美國就可能有數萬人，或許是為數在一百萬以上的人，可能曾是幽浮俘虜。」

## 美國「幽浮俘虜」數以萬計

在科幻小說作家及電影導演想像之下，人類接觸過的外星人十分和善，但賈克布士書中這些遭綁架者敘述這種接觸是個「恐怖、錐心及每天激起痛苦記憶」的經驗。

賈克布士說，在一些案例，有人全家有多位成員曾被綁架走，有時事隔多年重複發生一次。幽浮俘虜「包括各行各業的人，他們是誰、教育程度如何、做那一行，或屬於什麼種族或國籍，這些都無關緊要。」

他們說，他們常是在夜裡遭外星人自床上擄走，他們的身體被一束強光吸起，帶到不明飛行物體上，而後被剝下衣服，從頭到腳受到檢查，重點特別放在生殖器官上。

賈克布士為了探測幽浮俘虜在無意識狀態下的記憶，將受訪者催眠，一些人在催眠狀態下敘述說，他們耳部或鼻竇被植入金屬物片，而男性在檢查中被外星人用一種汲筒採走精液做樣本。

婦女，甚至小女孩，身體則被用刺針或注射器進行探查及戳刺。她們述說了被「採集卵子」及「植入胚胎」的經驗。

在整個綁架期間，人類受到外星人具有催眠能力的大眼睛所「控制」，所有被綁架者都記得一個駭人過程，就是賈克布士所謂的「心靈掃描」，由一名外星人挨近檢查桌上的地球人，然後兩眼猛盯著人看，像是把人看透似的。

幽浮俘虜通常在二至三個小時後被送回地面，這時他們對遭遇的事，只留下很模糊的無意識記憶。

被綁架者生理上可能會有鼻出血或瘀傷的徵狀，女性兩股間會留下一種有黏性的膠狀物質。一些經醫師檢查發現懷有身孕的婦女，再次受到綁架，後來發現腹內胎兒遭取走。

## 外星人個子不高灰膚無髮

所有幽浮俘虜對外星人外表的描述一致類似，身高大約在六十公分至一二〇公分之間，兩眼大又銳利，頭上無毛，軀幹與人類類似，但沒有生殖器官，灰色的皮膚，像是橡皮或皮革一般。

他們這般描述與史帝芬史匹柏的電影「第三類接觸」裡的外星人很像，賈克布士說，那是因爲「史匹柏下過工夫，研究過有關幽浮的著作。」

賈克布士說，但他們的行動十分嚇人，可是與科幻小說裡寫的截然不同。他說，「這不是我們所能預期到的情形，但這是每個人共同描繪的，它是個值得探究的方向，是我們一無所知的外星議題，而外星人利用人類像是在礦場採礦一樣，且一而再，再而三地做。」

賈克布士並不肯定外星人是否存在，但他說，若外星人不存在，科學家就必須處理一種傳統心理學解釋和臨床方面無法說明的現象。

外星人的主題已令賈克布士著迷二十多年，他在威斯康辛大學寫了有關幽浮的博士論文，後來將論文改寫爲著作。他表示這本書是對人類的一個預警。

他說，這些幽浮俘虜並未顯示有任何精神或病理異狀，得以解釋他們所以說出這類故事的原因，此外也無任何證據指出他們在孩提時期有過被性虐待的經驗，後者是精神病學上經常有對這類無意識記憶者的解釋。

# 外星人是人類老祖宗

我們人類是外星人和雌猿交配的後代！美國國家航空及太空總署的一位高級官員和受尊敬的科學家摩瑞斯夏特里安博士，作出此一驚人的宣佈。

他指出，在南美的安迪斯山發現巨型圖案，它們就像太空船降落的跑道。還有死谷的熔凝岩塊，那必然是核子爆炸產生的結果。及尼安德塔人之前一些稀奇古怪的塗鴉圖案！

他說下去：「近來在一座墨西哥的馬雅殿堂，考古學家們發現一處隱密的地下室。」

「你們可想像考古學家們有多麼驚奇，他們發現一幅太空人駕駛飛碟的圖案。」

「更令人意外的是，他們發現六尺身高的人類骨骼。而，馬雅人的身高眾所皆知很少到五尺以上的！」

夏特里安指出：「在西維吉尼亞州的綠堤設置一座巨大天線，它們是用來專門接收來自外太空的訊息。」

「一九六一年，天線接收到一股強烈電訊，它們延續了數秒鐘，又突然中斷。」

「有關單位至今未解開電訊密碼之謎。」

另一項太空人注視地球的證明直接來自美國的太空計劃——消息傳開，許多次飛行皆遭受神秘太空船的監視。

夏特里安說道：「雙子星和阿波羅皆受到非地球製造太空船的密切監視。太空人報告，有關方面要他們保持沉默。」

「我相信太空人華特希拉是第一個使用『聖誕老人』暗號的人，表示出現了一架飛碟。」

「稍後，詹明斯羅威爾在阿波羅八號環繞月亮時也使用同樣的暗號，他表示：『我們現在知道聖誕老人眞的存在。』」

「還有證明，幾名太空人如詹姆斯李德威和湯馬斯史塔福設法拍下一飛碟的照片。」

「這些照片皆存於五角大廈的極機密檔案內，唯恐人們看到它們會驚慌失措！」

據夏特里安的看法，太空人現在來到地球只是在維護他們六萬五千年前的投資，他說：「假如你們這麼來想，不論我們喜歡與否，我們像他們的孩子。所以，我不認爲他們會傷害地球人類。」

「然而，假如地球上一團糟時，他們會有所行動的！」

# 4 月亮對地球和人類的感應

# 月亮對地球感應

由星象學上看，地月之間絕非父子關係。事實上，自古太陽和月亮並稱，太陽生出地球是沒有疑問的，而月亮則是外太空飛來，進入太陽系的地球軌道，並成爲地球的「妻子」。

月亮與太陽爲一陰一陽，處於平等地位，而地球運行天中，受到日月兩星體強烈磁引感應滋生萬物，故人類無法脫離天地日月之感應，而有四時寒暑、晝夜明暗、朔望弦晦、潮汐漲落、曆數推步、日月交食等，均與人類有著密不可分之直接關係。月亮並對人類的生理、心理、命理、運限與社會活動、犯罪行爲、經濟運作、醫藥病理等，更與個人、社會有密切影響之關係。

月亮本身固然影響著人類一切，而其與地球運行關係亦十分重要，如月亮繞地軌道稱白道，與地球繞日軌道的黃經產生五度餘的傾角，而黃白兩道交點產生兩個軌道交點，「下交」即降交，又稱天首、龍首或羅喉，又「上交」即昇交，又稱天尾、龍尾或計都。又月亮運行至軌道最高點即白道最高稱爲月孛，另月亮交點三倍感應變化稱爲紫氣，古稱「木之餘氣」。以上四種月亮感應交點，較之月亮本身皆同等重要。

現在簡述月亮對人類的感應，並以易理象數說明：

## 一、月亮引發潮汐

日月引力同時作用於地球時，即當朔望之時，日月在地球兩邊或一邊，引力相加故生「大潮」，而上下弦時，兩者引力相消，故生「小潮」。以上指月隨地繞日公轉所生潮汐。而地球因自轉關係，海水在每日皆有兩次漲落潮，潮汐的產生主要是由於月亮對海水吸力與對地球本體吸力之差，因月球距地甚近，故引發潮汐較太陽爲大。

## 二、月亮運行爲曆數根源

曆法除太陽外，月亮亦關係重大。太陰曆以晦爲三十，朔爲月亮入日地之間，即月齡初一稱「日月合朔」，此時產生日食（全偏環三種）現象，望爲地球居日月之間，即月齡十五稱「月亮入望」，此時產生月食（全偏半影三種）現象，十六爲既望，上下弦則爲朔望之間。

## 三、「一章之歲」和十九年周期

恆星月與朔望月有日餘之差，故約三十二個月須置閏一月，而每十九個平太陽年有七個閏月，古稱「一章之歲」，我國於西元世紀前早已發現，漢朝有三統曆、四分曆與太初曆皆本此法：

歲實：365.24219879×19＝6939.601775日

朔策：29.53059×（228＋7）＝6939.68865日

## 四、十九年周期是一個反覆周期

十九年日月交會是一項重要的星象周期，是指十九年前某月日的日月行度，在十九年後的相同月日，而日月行度會完全重合，在此十九年周期變化下，常會「舊事重演」，這就是天地自然現象。

試舉一例即明：一九六七年一月二十七日美國發射阿波羅計劃之土星二〇四號火箭，結果尚未發射，而葛里森等三位太空人在地面待命時，因座艙失火而遭焚斃。十九年後的「太陽回歸」，即一九六八年一月二十八日同樣在甘迺迪角發射之挑戰者號太空梭，於升空後七十二秒在空中爆炸，七名太空人殞命，正是十九年周期感應。

## 五、月亮時間常數與十八年「沙羅周期」

巴比倫人曾利用這一項十八年輪回的「沙羅周期Saros」來預測國運與世事，到現代則用來預測經濟與股市周期亦頗應驗。

月亮運行有五種時間常數變換，即「日月食周期」，這項早於西元前二四〇〇年巴比倫人即已測算出來的周期，即十八個平太陽年又十一天而日月同時出現食象，茲以民國七十三年月亮常數說明：

①交點月：27.212220230×242＝6585.357245日。

②近點月：27.5545493055×239＝6585.537283日。

③朔望月：29.5305879629×223＝6585.321115日。

④回歸月：27.3215814815×241＝6584.501137日。

⑤十八年平太陽日：365.24219879×18＝6574.359577日。

# 月亮感應的原理

月亮對人之感應，相信不必多言而人盡皆知，這屬於哲學的範疇。事實上，天地間萬事萬物，都有其物理現象，而今日科學家仍多予置疑。以今日人類的科學和天文學發展而言，對於昊瀚宇宙的瞭解只是億兆分之一而已，許多天地自然的奧秘，科學家也無法圓滿解釋。對於月亮、地球和人類的感應，正是科學家極力探討的主題。

月亮都以同樣的一面對向地球，因此一般以爲月亮沒有自轉，實際上，因爲月亮自轉周期與公轉周期相同的緣故，而月亮每月運行地球由晦朔弦望周復，其中新月與滿月對人的感應最大。

前述月亮對地球最顯著的感應即引發海洋潮汐，因地球自轉關係，故每天應有兩次漲潮與落潮，而人立足生養於地球，自然受到月亮引力的影響。

以生物學言，依生物體細胞構成說明人類之源始，係來自海洋單細胞，由這些單細胞進化爲人，而人體中所含各種物質的成份（水份），皆與海洋相同，因人體中水的成份佔百分之八十，故以人體與海洋相較，亦可稱爲「小海洋」與「大海洋」。

當月亮發生圓缺變化時，不但對海洋發生引力影響而有潮汐，對人體中「小海洋」亦同樣如書中說：「月亮引力多少會影響人體內的生理潮汐。」科學家亦承認月亮會影響人類的健康、情緒、行爲、新陳代謝及生殖能力。

月亮對地球的影響時時俱在，爲何在朔望時候特別重大，因爲新月合朔時，月亮繞行至地日之間，形成直線會合，並產生日食現象。而滿月入望時，月亮運行至日地之外，形成一百八十度相衡角度，並產生月食現象，故朔望時因日月引力作用於地球，故引發大潮，構成「生物高潮」，因精神上的亢奮，使得人類情不自禁興奮，而自制力較弱的人，難以控制自己的行爲，自然極易引發禍端。

以卦理卦象言，日離月坎，運行天地，人居地球是爲太極，日月對待相應，乾爲首主精神狀態的吉相，相反的，坤爲迷主精神狀態的凶相；所以日月代天而行，日月會衝或交食感應，都足以感應人身，引發心理「潮汐」，朔望時間因日月引力影響著人類精神與生理達到亢奮緊張狀態，容易產生精神疾患、心疾病變、暴殺亂性、酗酒耽毒等重大症狀。

# 黃帝內經中的有關知識

月亮既對地球產生潮汐影響，亦必對人體產生重大影響。人類與自然界息息相通，自然界的寒暑變遷、月亮的圓缺、晝夜的更替，無不影響著人體。人體與自然界的周期變化存在著某種內在的聯繫，太陽、月亮、地球、星辰的相互運動使人體產生與之相應的節律，探討其中的關係，對進一步研究人體奧秘，認識疾病，指導預防、治療、養生和保健，都具有十分重要的意義。現將有關月相變化節律對人體影響的研究做出一些結論：

節律性是生命活動的一種基本特性，是生物在進化過程中適應自然界時間過程而產生的周期性變動。中醫學歷來強調人體生理病理活動與自然界的變化息息相關，早在兩千多年前成書的《黃帝內經》中已經對人體隨月相變化而產生的生理病理節律作精闢的論述。《內經》基於天人相應的系統觀和居類比象旳方法論，對列懸於太虛之上的日月星辰和生活在天地氣交之中的人體生命象有著內在的實質聯繫。受月亮相位朔望晦的影響，人體的生理病理活動也有相應的周期變化。

「女子七歲，腎氣盛，齒更髮長，二七而天癸至，任脈通，太沖脈盛，月事以時下。」記述女子的月經周期按月而行。對人體機能隨月盈虧而變動的具體過程也作了描述：

「月始生，則自氣始精，衛氣始行，月廓滿，則血氣實，肌肉堅，月郭空，則肌肉減，經絡虛，衛氣去，形獨居。」不僅如此，注意到月亮對地球的引潮現象，月亮圓缺直接影響著海水的潮汐漲落的改變。

《靈樞．歲露》說：「人與天地相參也，與日月相應也。故月滿則海水西盛，人血氣積，至其月郭空，則海水東盛，人氣血虛，其衛氣去，形獨居，肌肉減，皮膚縱，腠理開，毛髮殘，膲理薄，煙垢落……。」又說：「腠理郁，即腠理閉；煙垢著，即指膚脂垢多。」腠理是指皮膚肌肉的紋理，說明了隨月亮圓缺、海水漲落，人體氣血的盛衰、肌肉的堅削、皮膚的疏密、毛髮的榮枯、腠理的開闔等，均有周期性變化，而這種變化屬於生理性的節律變動。

由於人體機能的這種生理性節律變化，導致疾病的發生也表現出一定的規律性。當月滿之時，雖遇賊風，其入淺示深，月廓空，遇賊風則其入深，其病人卒暴（靈樞．歲靈）。又將時間因素和疾病發生的關係歸納爲三虛、三實。

《靈樞．歲露》謂：「乘之衰，逢月之空，失時之和，因爲賊風所傷，是謂三虛，逢年之盛，遇月之，得時之和，雖有賊風邪氣，不能危之也，命日三實。得三虛者，其死暴疾也；得三實者，邪不能傷人也。」所以「逢月之空」、「遇月之滿」和疾病發生有著截然不同的兩種表現，充分反映了《內經》重視自然環境因素在發病中的作用，並證實人與天地相參和日月相應的整體觀念，從而爲辯証施治提供原則性的指導幫助。

對於診斷和治療，《內經》提出「因時制宜」的原則，強調要因天時而血氣，診斷上瞭解：「月之虛盛，以候氣之浮」。治療上提出：「月生無瀉，月滿無補，月郭空無治」的原則《素問、八正神明論》。

# 月相變化影響生理周期

太空學家與物理學家對月圓時月亮牽動引力，影響人體細胞體液的流動，引起賀爾蒙變化，認爲關係不大，但星象學家紐約海登星象館的古希博士認爲，月亮的引力確實影響著浩大的海洋的潮汐運動，並影響天候，而天候影響人的情緒，而情緒又支配著人類的行爲，並牽引著人體內的微血管和女性的生理周期等。

以《易》理來探討，月爲坎卦、坎爲血卦，先天爲爲坤卦、坤爲腹。生理期的坎血，經由坤腹的陰道排出，正是月亮的感應現象。

在與月亮周期相關的生物自然周期中，表現最爲顯著的是生物的生殖周期，尤其是女性的月經。月經是人類和其他靈長類動物特有的生理現象。是女性性周期的標誌，具有周期性和節律性的特點。健康婦女的月經周平均爲28天左右與「恒星月周期」的27.32天和「朔望月周期」的29.53天很接近，是人體「月節律」的典型表現。

朔望月又稱太陰月，是中國農曆計月單位，是以月亮的圓缺變化爲一個周期的計月單位。一個太陰月大月30天，小月29天，平均長29.53天。太陰月的日期以月亮逢「合朔」爲第一天，「入望」爲每月的十五日。太陰月的日期基本上反應了不同的月亮相位。

大陸學者羅氏曾對廣州、北京兩地九百二十二名女學生的月經情況進行調查，發現該地區的青年女子月經周期多開始於朔望月的朔日附近，排卵期多發生在望日附近。月經周期在時間的分佈上有一定規律，與「合朔周期」呈現周期性的感應。

另一學者徐氏則對一千六百名婦女行經時間與月相關係進行分析，認爲行經時間在滿月前後爲高峰，呈正態分佈，與月亮盈虧時間一致，而月經時發生的毛病，也與行經時間月球盈虧時間密切相關。

月經病的發病高峰是在月虧「合朔」；在月滿前後行經者，發病率最低，而且在病種上有各自的發病規律，如痛經、經閉、月經後期多發於下旬行經者；崩漏、月經先期則多發於在上旬行經者。

我們可以根據這一規律選擇方藥，調整經期，使病人於月滿前後行經，從而提高月經的療效。又一學者孟氏對一百二十例健康婦女的月經來潮日期加以分析，也把月經周期與月經來潮日期加以分析，證明月經周期與月相有密切關係，並發現月經潮汛每五天出現一個經汛高峰，可能與月亮相位的移動有關，由星象學上看，月亮兩天半經營一個黃道宮，五天經行兩個宮位，所謂「五天一候、六十甲子。」

月經周期是卵巢及其附屬器官極爲複雜的生理變化過程，它的調節機理涉及到下丘腦、垂體、性腺的多種激素相互作用制約，還與下丘腦外中樞神經系統及其內分泌腺活動有關。近些年來，由於神經內分泌學的進展，對松果腺的作用進行諸多研究，對月經周期的調節機理也有新的認識。

許多研究顯示，松果體通過分泌某些物質來調節體內多種生理動的周期性變化，松果體激素對生殖系統有抑制作用。松果體分泌的降黑素（褪黑激素）有直接抑制性功能，又能通過中樞神經系統、下丘腦或垂體來調節生殖機能。已知松果體的分泌功能與環境光線有關，光線抑制其活動，黑暗刺激其活動。

人體血漿降黑素含量有晝夜變化的特性，在婦女又具有周月變化的規律。月經前或月經期血漿降黑素最高，最低點則出現在排卵前夕；血漿及黃體生成素達到高峰時刻，由此提示降黑素與人類月經周期的調節。

另外，在月經周期中，體溫、激素分泌、性器官狀態、生理和心理檢查、免疫機能等也有「月節律周期變動」。婦女免疫機能有「月節律」，女性在月經期容易發生過敏現象，出現血管神經性水腫和各樣環形紅斑，皮膚對抗原的反應性在月經前後最高，而在月經周期的中間最低。臨床觀察證實，女性哮喘患者多在月經前月經期發作或加重。

月亮對女性月經的影響顯而易見，根據人體的這種節律變化，選擇適當的時間合理用藥，則可收到事半功倍之效。對於月經失調疾病，目前大陸已廣泛採用中藥人工「周期療法」。這種療法根據中醫「腎主生殖」的理論，結合古代醫學性生殖內分泌功能調節理論，以補腎法爲基礎，模仿婦女月經周期的生理改變而用藥。對月經失調、黃體素不健全患者，能調理月經周期，並使90%以上病例的「黃體功能」改善。

所謂月經是婦女的一種正常生理現象。從青春期到停經期，每二十八天左右一次，每次約三、四天，子宮粘膜出血後，經陰道排出經血之謂。女人體內的卵未受精，卵巢的黃體退化，由黃體分泌的助孕素（黃體素）因而減少，引起已增厚的子宮粘膜剝落，血管破裂而出血。這時子宮內面形成受傷面，對細菌的抵抗力薄弱，因此要特別注意衛生，以免細菌感染。

月經來潮時，在肉體與精神上，多少都會顯現變化，這是女性自然的生理現象，大可不必擔憂。隨著月經接近尾聲時，這種身心變化，就會自然消失。全身慵懶、頭痛、下腹疼痛、情緒不佳等各種月經困難症，經過治療與調理後，即會好轉。

工作中的婦女，月經期中身心的負擔，的確是一種相當惱人的事，因工作性質影響身體變化的實屬不少：如隨車服務員、百貨公司售貨員，整天站立的人，和重勞動者等是。在日本部分的工廠、公司，對一般職業婦女，設有「生理休假」制度。

月經期中，身體的休養固然重要，但保持精神的安靜與愉快更爲重要。

根據統計，日本女性竊盜的60％，自殺的30％，都在經期中發生。經期中多少會引起神經過敏、頭痛、目眩、噁心等，因此，必須以穩定情緒從事工作，才不至於出差錯。對誘發興奮的舉動，要盡量避免外，還得注意不食用帶有刺激作用的食物，和保持一天一次通便的習慣。

# 月相變化與人體關係

## 月相變化與人體體溫

人體體溫是一個重要的生理參數，它的變化控制著霉類物質促生化反應的速度，關係到機體的新陳代謝率及眾多生理機能，因此體溫在一定範圍波動，反映著人體的生理機能狀態。大陸學者何氏曾對五百人的「太陰月」體溫變化情況進行分析，並和海潮潮位波動對照，結果顯示人體體溫變化與同一時間相近地點的海潮潮位波動，存在著顯著相關性。

當月亮力趨大，對應於潮位升高，人體體溫亦趨上升，月亮引力減弱，潮位相應下降，體溫亦趨降低，說明體溫及體溫所反映的整體機能，可能和海水一樣受到月亮的影響，體溫有著月節律變化。何氏還對四十隻雄性小白鼠的體溫、氧耗量、周圍血液中經由小白鼠細胞計數等重要生理參數進行測定實驗，結果表示動物的生理參數，以及所反映的機能狀態，受到月亮的影響而表現出「月周期節奏」，使上述研究得到進一步證明。

## 月相變化與人體死亡

月相盈縮變化不僅影響到人體的生理功能，而且對人體的病理，乃至死亡變化，都能產生影響。

大陸學者陳氏對七十六例中風死亡時間進行分析，發現出血性中風（腦出血或蛛網膜下腔出血）多死於上半月，缺血性中風（腦血栓）多死於下半月。不同月相時期死亡分佈機率不一，由高到低，出血性中風依次爲入望、、上弦、合朔、下弦；而缺血性中風則依次爲合朔、上弦、入望、下弦。

事實上，月光強弱變化可能是影響中風死亡時間分佈不同的重要外在因素。何氏從海洋潮汐探討死亡時間與月相關係。陳氏並對五百零一例病患死亡時間進行分析，發現月亮引力下降的落潮和低潮時，病死率大增，月亮引力增強的漲潮和高潮時卻大減，老年人群中同樣存在這一趨勢。死因不同，與潮汐漲落的關係亦異。

急性病因致死者在漲潮和高潮時驟增，疾病多係實證。

慢性衰竭致死者，80％死於落潮和低潮期，病多屬虛。

出血類病症多死於漲潮、高潮期；缺血性中風常死於落潮之際。

以上研究顯示，人體的機能衰竭乃至死亡的發生，和潮汐漲落及月亮相位的變化有關，受到月亮的影響而表現出一定的規律。

## 月相變化與出血疾病

大陸學者王氏曾對三百四十七例潰瘍病出血時間的總結分析發現，上消化道出血與月相盈虧變化有關，「入望」前後發病率最高，而月初和月末出血發生率最低，從初十至二十日出血者二百零五例，明顯高於其餘時間出血者，兩者差異顯著。十一至十五日內出血一百二十七例，占36.6%，表明月相盈虧的周期性變化是影響上消化道出血的原因之一。

國外曾有人調查一千例出血患者，其中80%死於退潮和低潮期，病多屬虛。

# 月相變化與生理節律

世事依一定周期而循環反覆，已漸爲科學家所接受，生物體之活動亦依一定時期而有生死衰旺，如今「生命節律」、「生命周期」已成爲先進科學，目前科學家已發現單是人體即有三百種長短不等的周期，部份爲年或月日反覆者，但多數以日爲循環周復期，如每日之中：數目加減的能力以下午二時半至五時爲最佳，記憶力則在上午十時十五分至十二時爲最高。人體由心臟的鼓動或胸腔的呼吸維持生命，皆是經過一定周期不斷的反覆循環。

中國古有運氣學說，今以與月亮有關之月式周期述之：運氣學說在近年西洋已演成「生理節律」Biorhythms專門學問，認爲人的生命期中有無數周期，較顯著者有：

1.廿三天的「體能節律」，也就是「生理節律」。

2.廿八天的「情緒節律」，也就是「心理節律」。

3.卅三天的「智能節律」。

人自出生日起，三種生理節律開始向上行，到周期之半爲最高潮，遇此點開始下降，若曲線上行或下行與中線相交之日稱爲「臨界」日，此時身體機能呈現變動或過渡時期，在精神與意志上極其不穩，必易生禍端。若以中國《易》理解釋，正合四象之數，《易經》說：「易有四象，所以示也」。

1.老陰爲坤、身，故廿四爲「體能周」。

2.少陽爲坎、志，故廿八爲「情感周」。

3.少陰爲離、心，故卅二爲「智能周」。

4.老陽爲乾、神，故卅六爲「靈感周」。

這就是六、七、八、九「成數」的大用。若以情感周期廿八來言，合於

「坎爲月」的感應對人產生情緒的重大激盪是天定自然而成，而坎七的所有變數，都爲人身的主要周期，除前述廿八爲月事周期，七的十次方爲陽性精子數目，又如：七竅（耳目鼻口），七孔（細胞膜質）、七衝門（唇飛門、齒戶口、禽厭飛門、胃賁門幽門、大小腸閉門、下極魄門）、頭背七經絡（督脈一、膀胱二爲四）、前胸七經絡（任脈一、腎脾胃二）、指骨節廿八、產後子宮收縮期四十二天，母體孕期二百八十天，而動物孵化與胎孕期皆七的倍數。

由上可知，這些都是月亮對萬物與生命的感應，《易》傳說：「乾以大生，坤以廣生；大載乾元，萬物資始；至載坤元，萬物滋生。」

總結上述，月亮對人之感應，引發人體生理「潮汐」現象，一如月亮引力牽引海洋造成潮汐一般。以《易》理來說，人本爲天地間生物，自合天地造化原理，人即是宇宙的縮影，水又爲人身不可或缺者，故月亮對人之感應就如水之作用相同，這是天人感應之理。

# 月亮盈虧影響嬰兒出生

關於人的出生與月亮相位關係的研究，大陸學者占氏曾對一偏僻自然村落一九九〇年四代人出生時間資料做分析，發現出生高峰在望日前，低谷在下弦，從而證明圓月對生殖機能有很大的影響。另一學者田氏則對南京、成都兩地40,255人的出生資料進行統計，結果顯示人的出生受月亮運動的影響，在一個朔望月裡，人的出生數有四個明顯的起伏變化，四個峰值分別在月亮的合朔、上弦、入望、下弦時刻，最大峰值較平均值高7.1%，谷值較平均值低5.1%，並認爲月相變化可影響受孕，這些統計資料對於探討人體節律和優生學的研究方面頗有參考價值。

在生理上說：先天坤卦、爲一、爲母、爲卵、爲太極，虛靜不動以待陽；而後天坎卦爲七爲大衍基數，四十九爲用數，而十方爲二億八千萬餘是大衍極數，此即成年男子一次精液分泌量精子之平均數（平均約二億至五億間），而精卵結合而胚孕成陰陽合體則人因此而生。若以鼠的生衍即知，子爲鼠肖；鼠爲哺乳類動物中繁衍最速者，以其得大衍之數，此天生自然，卦理卦象使然，猶坎水用之不竭，坤土生養萬物。

人類一向認爲月亮圓缺對嬰兒出世有著影響，最近法國部分醫師和數學家攜手合作，深入探討這個問題後發現，月亮盈虧確實與嬰兒出生有密切關係。

他們在法國經濟研究統計中心的協助下，不惜用許多人力、物力和時間，對法國於一九六八年一月一日到一九七四年十二月三十一日這段期間內約六百萬次分娩，做全面的研究，所得出的結論不容置疑：在殘月和新月間出生的孩子，比任何其他時候都要多很多。

這個由托爾斯醫學院醫療中心之紀雍、朗沙與蘇杜爾等醫師及奧爾良大學的貝爾唐、何納克教授合作完成之「出生與受孕之節奏與月亮周期」論文，刊登於「婦產科暨生物繁殖」雜誌中，引起世界各國專家極大興趣。

雖然如此，圖爾斯（Tours）醫學院醫療中心的紀雍（Guillon）、朗沙（Lansac）和蘇杜爾（Soutoul）等醫師以及奧爾良大學（Orleans）的貝爾唐（Bertrand）和何納克（Hornecker）教授合作的這項研究「出生和受孕的節奏」與「月亮周期」，在一份「婦產科暨生物繁殖」雜誌裡刊登出來後，便引起各國專家極大的興趣。因爲到目前爲止還沒有人對這類問題做過這麼大規模的統計和研究。

這項研究還得出兩個結果：

1.以全年來說，最多孩子在春天出生，也就是說，最多婦女在夏天暑期間受孕。

2.以每周來說，星期天最少婦女生產，星期二則最多，比整個星期的平均數要多出百分之二點四六。

李伯爾首先提出《月夜瘋狂論》，於《月亮之影響》書中明確指出：「月亮對地球電磁場的影響人類，也許還有未知的部份；月亮不只影響個人情緒，還影響新陳代謝，內分泌系統與生殖能力。」

# 5

# 月圓月缺影響人類身心

# 月相變化影響情緒

我們都見過月亮每個月環繞地球運行的變化。當它剛形成新月的時候，我們看不見它，但是月亮會隨著時間一天一天的消失而變得愈來愈大，最後終於變成了一個非常圓亮的滿月。

月亮引力會對地球上的海洋造成影響，因而產生潮汐。有些科學家也認爲，月亮會影響到我們的健康和一些行爲。美國伊利諾大學的一位科學家莫里斯教授說，他做的研究顯示，在月亮最圓時，一個受了傷或是有病痛的人，要比平常更容易流血。一個有心臟疾病的人遇到了月圓和新月的時候，會發生較多的疼痛和心臟病發作的現象。此外人們也會在這個時候發生睡不好覺以及感覺到比較緊張的現象。

另一位科學家利柏爾博士說，患有癲癇症的人在月圓和新月的時候，也比平常容易發作。而且其中患有精神病的人，在這段時間問題也特別嚴重。他就月亮對人類活動的影響的其他證據做了一些調查，研究過去十五年在美國佛羅里達州南部一個地區所發生的，大約兩千宗謀殺案件，發現在一個月中月圓的那個星期，被謀殺的人比任何其他時候都要多。另外謀殺案件的次數多是新月那個時期。

利柏爾博士認爲月亮的引力影響到我們的健康和感覺，這跟對於地球上海洋的影響相同，這是因爲我們的身體裡有80％的水分的緣故。在化學成份上，跟海水是相同的。他也注意到在新月和月圓的時候，月亮引力對地球上的海洋影響特別大。這或許可解釋爲何月圓和新月期間會對人產生影響，有些科學家認爲月亮引力只會影響到那些生理和精神已處於非常緊張狀態的人，但也有些人認爲月亮根本不會對人們產生任何的影響。

月亮的盈虧現象早已盡人皆知，但是科學家對月亮的迷思仍充滿著濃厚的興趣。自古以來，東方與西方都有類似的傳說，在月圓之夜總會有古怪的事發生，暴力、瘋狂、醉酒、夢遊、兇殺等都和月圓有關。

一九七六年時有人在佛羅里達州的邁阿密與俄亥俄州的辛辛那提做過研究，發現在這兩個大城市，在月圓時分謀殺案發生的比率最高。一九八九年有人在匹茲堡研究1,444名因受傷急救送進醫院的病患，發現因刀傷、槍擊、暴行、各種傷勢而入院的人與月亮的盈虧變化有顯著的關係，在蘇格蘭研究也發現自殺和女人生育時間跟月相變化有密切關聯。

# 月亮影響人類身心及引發性暴力犯罪

月亮對人的感應正如對地球潮汐作用一般。美國一位科學家莫里斯教授所作研究顯示：月圓時一個受傷或有病痛的人要比平常更容易流血。一個心臟病患者亦會發生較多的疼痛與心臟病發作現象，一般人則會發生失眠及感覺緊張衝動現象，尤其患癲癇症與精神病患者，在朔望時分會變得特別嚴重。利柏爾博士曾研究過去十五年美國佛羅里達州南部某地區所發生約兩千件謀殺案中，發現在月圓的那星期，被謀殺者比任何時候都要多，而謀殺案件的次數又以合朔即新月初一時爲多。月亮在天上運行，游移不定，似幻若夢，充滿神祕，每天在夜空遨遊，在經歷若干世代後，仍然緊緊抓著人類的心神、意志與幻覺，科學家常不解地自問：「月亮有何能耐，竟然如此強而有力地打動人心。」月亮的引力確能觸動人體心理「潮汐」，引發亢奮激情，特別對於部份生理與心理處於非常緊張狀態者。

警察、消防員、救護車駕駛員與醫生等都確知每月在朔望日或當天月圓夜，各種犯罪案件暴增，以自殺、色情犯罪、縱火以及精神病等越軌行爲出現特多。一位紐約救護車駕駛員告訴精神病學家李伯爾（曾著《月亮之影響》一書）說：「在月圓之夜，總有大批暴力罪行與意外事件發生。」

西方有「狼人」電影描述最爲清楚，該片生動的隱喻說明了月亮之影響力，會在月圓夜使人類獸性大發，完全失去理智，狼人在此時變成人狼。醫學上有「月圓病」說，乃指月圓時候發生精神上異狀，如殺人、鬥毆、強暴等侵犯性行爲，或吸毒、酗酒傾向，或出現精神混亂之症狀。而且根據統計資料亦獲得證實，即月圓時分各地姦殺、吸毒、搶劫等暴力犯罪案件皆有大幅增加的現象。

# 月亮引發精神病變

日月對沖的「入望」時間，會使人引發精神疾患，這是天命使然。月亮對人類行爲有重大影響，東、西方的民間故事古來就這麼說，更見諸《聖經》、猶太法典與《可蘭經》，西元前四世紀「西方醫學之父」希波克拉底時代早已述及。

事實上，精神錯亂Luuacy，此字即來自拉丁文月亮Luua，英文稱Lunar。目前法律上也承認月亮是精神失常的原因，十八世紀美國法學家布萊克斯頓爵士有云：「精神病患者是指一個失去理智之人，有時清醒能有正常感覺，有時則無，且常受月亮圓缺影響。」

十九世紀一樁殺人案，被告海德要求宣判無罪，所持理由是朔望時分總是使他發狂。中國古人也相信月夜使人瘋狂，詩人曾對月醉酒吟詩，李白甚至醉遊撈月而溺斃。

多年前紐約一個最出色的文學界經紀人奧斯・科利爾，主持重要的文稿拍賣，讓出版商出高價競投可賺錢的稿件時，總安排在月圓之日舉行。科利爾說：「我不是迷信，也沒有什麼科學理論根據，認爲月亮能影響人。我這樣做，完全是爲了實際。過去幾年來，我發現在月圓時拍賣，喊價總是踴躍些，成交價格總是高些。我也不能解釋，但我如果忽視這個事實，就愚不可及。」

不少人同意科利爾的看法，比方警察、消防員、救護車駕駛員都知道，他們最忙的日子是晚上，而且都是新月或月圓的時候，因爲那時自殺、色情罪案、縱火以及各種越軌行爲出現得最多。「在月圓之夜總有大批暴力罪行和意外事件發生。」一位紐約救護車駕駛員告訴精神病學家《月亮的影響》

一書作者李伯爾說。

民間傳說中，有關月亮對人類所具不良影響力，恐怕以狼人的傳說表達得最清楚了。

這個生動的隱喻（若非別有所指）說明了月亮的影響力，可以使人類獸性大發，完全失去理智。看過狼人電影的人，看到在月圓時分人變爲吃人狼人的可怕情景，誰會不相信？有些人甚至會想起在「狼人」（一九四一年）那部電影裡，邪惡吉卜賽人給小龍查理的警告：「縱使他心地純良、縱使他晚晚禱告、等到烏頭草開花、等到月圓時發光、他會變成一頭狼。」

既然多個世紀以來，那麼多人相信月夜瘋狂，人們理當期望現代科學會對此提出明確意見。事實上，科學實驗證明一些生物的確對月相有反應：招潮蟹就是一個例子，牠按月亮位置而變色；牡蠣飼育循環也受月亮圓缺影響。但對月亮影響人類情緒一事，科學論斷則始終含糊。李伯爾是首先提出月夜瘋狂論（也有人稱爲「特蘭施伏尼亞假說」）的人，他在《月亮的影響》一書中說，月亮引力多少會影響人體內的生理「潮汐」，與影響大海潮汐差不多。他還說月亮對地球電磁場的影響於人類也許有些未知作用，因此照他推測，月亮可能不只影響情緒，還影響新陳代謝及生殖能力。

撇開推測不談，李伯爾的主要證據是從他和卡羅林・謝林博士共同進行的兩套統計研究得來的。這兩位科學家把一九五六至一九七〇年佛羅里達州代德郡和一九五八至一九七〇年俄亥俄州庫雅霍加郡的殺人案編爲統計表。

研究佛羅里達州殺人案時，這兩位科學家發現，他們所謂「一種統計上有顯著性的月亮周期」，即在新月或滿月期間謀殺案比其他時期爲多。但是他們研究俄亥俄州殺人案時，卻看不出這種「有顯著性的月亮周期性」。然而李伯爾和謝林仍然滿懷希望，因爲他們說月亮的影響力可能因地而異。

科學界對李伯爾的說法根本不去討論，但對他的代德郡和庫雅霍加郡統計則嚴加批評，說那些資料有問題；而且即使資料沒有問題，李伯爾的統計方法也站不住腳。批評者認爲李伯爾所謂「顯著性」根本不是那麼一回事。更糟的是，他採用的方法，不管在研究凶殺案方面，或是用來研究醫院收容率，以及精神病服務中心接電話的百分率，結果都和李伯爾所說的迥異，充其量也只是含含糊糊，模稜兩可。在這些批評者看來，李伯爾要證明每個警察都「知道」的事，已經失敗了。

那麼月夜瘋狂是否眞的只是古代流傳的幻想呢？即使反對李伯爾最激烈的人也沒那樣說過。因爲大部分的人都同意（不管多勉強），還要進行更多小心控制的研究，才能宣稱證明了些什麼或否定了些什麼。同時，游移不定的月亮仍然在夜空中遨遊，像多少世代以來那樣，緊緊地抓住人類，即使不是抓緊我們的神志，也抓緊了我們的幻想。在這領域裡，隱藏著濟慈所問問題的答案：「月亮，你有什麼能耐，竟能如此強有力地打動我的心？」

# 抓住你的情緒問題

筆者根據美國的一篇調查報告分析，調查對象是九百八十四位心理專業人員，大部分的專業人員說：接受治療的「心理治療」的病人，平均的治療時間往往低於六個月，所以仍難擺脫情緒糾纏，身心復原情況令人憂心。

報告又說：「今天人們比較能夠面對情緒問題，比起十年前，人們更願意去請教專業人員或心理醫師。所以，如果情緒和心理出現問題，就會接受治療或指導，不會再像以前因情緒問題而接受治療的人那麼覺得難堪。

如果你覺得需要調整情緒，以下是幾個秘訣，告訴你如何把情緒導向健康的途徑。

## 白羊座

・即使你承認活得不太好，也不太願意接受治療，但是你覺得應該想點辦法；你可能把罪過推給他人和事情上面，而不會承認是自己犯錯。

・自己的生活自己負責，在你那沒有耐性的外表下，可能隱藏著嚴重的焦慮和其他情緒風暴。一旦你體會到這個事實，重視實際的你，最好尋求專業人員的協助。聰明的話，不要浪費太多時間在分析治療上，應採取比較直接的方式，例如行爲或團體治療。

・有經驗的專業醫生會擬定確實可行的進度，滿足你的需要，讓你覺得自己不是在浪費時間。你的治療常常有立竿見影的效果，你很快就會把治療成效表現在外。

・不要剛剛有一點進步，就認爲大功告成，不必接受治療了。也就是想離開，這可能表示你在逃避痛苦或其他重要的事物。

## 金牛座

・你很難面對心理問題，當你被反面的情緒困擾時，寧願大吃大喝或逃避而不願面對眞相。你最適合一對一的治療方式，讓心理醫師幫助你認清潛伏的心理問題。

・治療不會馬上就有戲劇性的效果，因爲你不容易向一個陌生人坦誠問題。你會很不習慣，例如自由聯想和角色扮演等行爲矯正技巧與心理治療方式。雖然你不太願意突然改變自己，不過，一旦雙方建立了互信，你就會慢慢調整自己的看法。

・你會跨出一小步，然後停下來看一看，接著再跨出下一小步；而一旦跨出第一步，就不會退縮，而是堅持到底，不管路有多麼遙遠，只要接受治療，就有機會改變過去。

## 雙子座

·你會談到你的麻煩，但常常避開情緒困擾。即使是經驗老到的專業醫師，也對你分析自己困難的能力刮目相看。但是他或她很快會讓你重新體驗你的感受。這是一種痛苦的過程，但是你後來會發現一切都值得。

·團體治療對你有好處，尤其是當其他有心理學素養的人，洞悉語言外衣之下那個眞實的你時。在治療進行時，你會對所學的產生迷惑，開始時不要頻換醫生或治療方式。

·多接觸幾種治療方式，可能對你有好處，但是要在前一個徹底執行後，才換下一個。你會很樂意向朋友和家人展示全新的你。

## 巨蟹座

·你開始時會拒絕治療，因爲你知道自己的問題出自人際關係。家人和朋友對你非常重要，關係改變會激起你深深的焦慮。當你發覺自己陷入情緒困擾時，會變得有自我毀滅的傾向，而不是求助於人。

·你對批評很敏感，表示你適合和善的治療師，不適合分析型的。治療過程可能會讓你覺得有一絲罪惡感，因爲你一直忽略自己，生活重心總是擺在別人身上。

·你的直覺一直存在著，只是當你在緬懷過去和注意別人時，把它忽略掉了。而一旦和治療師建立了互信時，你的直覺會變得更敏銳，治療效果也會加快。

·當你的心理變得比較成熟，人際關係也會改變；即使當你的目標已經達到，你也不願離開一度抗拒的那個舒服的治療環境。

## 獅子座

・你常常將不幸歸諸於外在的因素，一切方法都不靈時，你才會想到治療。你寧願坐著默默療傷，也不願接受心理醫師給你所作的分析，因爲那會扯下你驕傲的保護面具。不要爲了向別人說你已經試過治療法，而隨便找不合適的醫生。

・當你對治療有信心時，生活會開始發生劇烈的變化，但是有智慧的治療師會讓你慢慢的改變，你的夢會變得有濃厚的象徵意味。當你瞭解治療是爲了幫助你瞭解自己，你會願意參加團體治療。

・那時，你會體會到踏實人際關係的好處，不再需要小心翼翼保持形象，以博取別人的崇拜。你會驚訝自己有了嶄新的創造力，因爲你已拋掉表現完美的包袱。

## 室女座

・你只相信專家對你情緒處理的方法，可是當方向走偏時，又覺得挫折感很重。如果是情緒問題，你會深受其煩而不得其解；沒有心理醫生的幫忙，你只會注意到枝節的問題，可能永遠抓不到重心。

・一旦你瞭解到有必要接受治療時，決不會再猶豫。一個有耐心而詳細解釋每個步驟的醫生，會讓你覺得自在快樂。你很快會了解自己的問題，治療效果大有收穫。你常常急著把自己學來的那一套，用批判的心態拿去評估朋友和家人。

・記住，當你接受治療時，你的想法和感覺最重要。在你接受治療期間，讓其他人自求多福吧；治療完畢後，你會發現自己不再像以前那麼挑剔了。

## 天秤座

・聽到朋友要去看心理醫師時，你會幸災樂禍，當你自己碰上問題時，可能想辦法妥協。你那麼急著要解決，可能忽略內心的需要和期盼，而一心只想討好別人，會搞不清楚自己究竟是誰。

・一個有技巧的治療師會建議你，個人和團體治療並行，那麼當你和團體中的成員溝通後，能夠仔細分析自己什麼時候和「自我」失去聯繫。嶄新的你，會讓以前認識你的人刮目相看，你也會發現，冥想技巧大有幫助。

・慢慢的，你會發現別人眼裡流露出敬意，這一點足以讓你雀躍萬分；你也能夠幫別人渡過難關，你知道他們會從困難中成長。

## 天蠍座

・心靈的秘密對你有一份特殊的意義。你不太願意向專業人員求助，讓他們幫助你挖掘潛意識的世界，對死的問題也不敢多談。

・因此，你最好試試神職人員提供的方法，那種玄妙的方法頗能投合你那強烈的靈魂，給你一種已經掌握神秘的心理力量的感覺。

・當心神棍，你不如找受過訓練的楊格學派的治療師，這種專業人員能夠帶領你檢視潛意識黑暗的角落，豐富你的生活，激發你的創造力。

・你善於分析夢境，並悟出潛伏在日常生活中的訊息；當你能開始欣賞集體潛意識時，就會停止欲念，嫉妒讓你活在緊張、矛盾中。

## 人馬座

·你最大的優點是不會活在過去的傷痛中。不過，遇到情緒問題時，你第一個反應是聳聳肩膀，裝作不在乎。

·你的逃避顯然沒有留下痕跡，但是你失去學習克服困難和讓自己成熟的機會。稍一不愼，這種逃避會帶來後遺症，讓你的人際關係蒙上陰影。

·心理治療能幫助你直接面對問題，像角色扮演這種行爲矯正技巧，對你非常有效，因爲讓你直接參與治療。你會自動接受團體輔導，讓會員直接面對自己的問題，並負起全部的責任。

## 摩羯座

·因爲你不願意減輕自己的負擔，即使是向自己最親密的朋友，所以你不可能去求助心理醫生，除非問題太過嚴重。有時，當問題很嚴重時，你仍然會猶豫是否要求助於專業人員，因爲你擔心別人會怎麼想。

・記住，根據今日美國對專業心理人員所作的調查，發現大家對心理治療愈來愈能接受。聽聽心理醫師在電台所做的心理諮詢，你就知道有許多人都向專業人員求助。

・你的親朋好友不會因爲你接受心理治療而責備你。你很在乎你的醫生是否是他（她）所從事的領域的權威。治療有績效時，你會訝異的發現生活並不像你想像的那麼沉重和灰暗。

・當你摒除昔日的恐懼和防禦時，對工作、家庭和團體都有不同的觀點。突然間，你會發現，接受治療是值得的，因爲把生活建立在成就上，是你最大的光榮。

## 寶瓶座

·情緒愈困擾，你愈覺得要「解決它」，但是一事無成。你那活潑的腦筋的確會妨礙你接近內在的自我。你自己不可能瞭解這一點，所以不妨聽別人的建議，向專業醫師求助。

·你可能擔心治療會剝奪你特殊的人生觀，不過，你會發覺愈瞭解自己的情緒，愈能激發潛力。你會活得更像自己，做出更吻合心意和需要的抉擇。

·一旦你熟悉心理理論，它會成爲你世界觀的一部分。你會對人類及其需要有更進一步的認識。那麼你對宇宙問題的貢獻會更切合實際，不會在不必要的枝節上浪費時間。

## 雙魚座

・如果你碰上麻煩，立刻產生一種不要回頭的心態。但是如果生活愈來愈難熬，你仍然試著像往常一樣過日子，幾乎沒有覺察到你出了問題。

・你常常是知道事態嚴重後才會主動求助。你最好找一個精於處理夢境的醫生，因爲你的夢常常寓意深遠。由專業醫師執行催眠術，會幫助你解開防衛心理和放棄不好的習慣。

・你的洞察力會使你知道你有選擇的能力，不必逆來順受。參加具有療效的自助團體對你有好處，尤其是探討性靈的團體。但是，當心那些走極端的團體。愈瞭解自己的心理狀態，愈能憑著直覺去幫助比你更不幸的人。

# 6

# 人生十二個生命階段

「西方醫學之父」希波克拉底（Hippocrates，西元前四六〇年）曾說：「未具天文學知識的醫生，不配稱作醫生。」筆者引申爲：「未具天文、星象學知識的易學家，不配稱作易學家。」

事實上，《易經》就是一部最科學的天文學和星象學寶庫，不僅學《易》者要懂，醫藥卜筮者，更不能不知。漢朝大儒賈誼曾說：「古之聖人，不居朝廷，必在醫卜之中。」

原因是：「卜可決疑，醫可治病，同爲人生日常所需。」

本文從《易經》、天文學及星象學上來探討「七」的由來、「大衍之數五十」和人生七年周期的「十二個生命階段」。

# 人事周期的感應

莎士比亞說過：「人事如潮汐，漲潮時邁向好運，退潮時一切生命的航行擱淺於黑暗不幸當中。」《聖經．傳道書》上有云：「凡事皆有時節、穹蒼下凡物皆有時限，生的時限、死的時限、播種的時限與收成的時限。」一切須依天定自然而不可任意更易者也。

星象家相信世事一切都受星宿運行影響，人事的交替、世事的興衰、經濟的榮枯等，莫不依宇宙群星的循環運轉而早有定局。也就是說，世事依一定周期而循環這觀念，已漸為科學家所接受，如世界新生嬰兒出生率每五天便出現一個高峰（五天一侯凡六十時辰），全球的大麥價格每六年出現一次大漲價（六年七十二個月運變周），國際間每五十七年便有一次農作物豐收（木星天王星會合周十四年、日月交食一章的歲十九年），英國的氣候與雨量循五十四天周期變化（老陰六、老陽九、上九爻數）等。

美國經濟學家杜威於一九四一年在匹茲堡首先創立循環秩序研究中心，研究天地事物循環的科學，科學家蒐集所有可能得到的資料並用電腦來協助分析，研究所幾乎每天都發現新的周期，從各種礦產、世界穀物、動物繁殖、商業價格起落、股市漲跌、甚至天文、氣象等，均能從所得資料中找出興衰循環周期。

杜威博士最初在研究經濟時得出靈感，其後在其他科學領域上，均發現可以找出有秩序的周期，現在以經濟方面的資料較爲完備，因爲經濟活動資料豐富且較易蒐集，而資助研究所的資料，銅的價格亦以九年爲周期；美國股市每四十一個月便有稍大起跌一次，九年即有一次重大漲跌，建築業每十八年零三個月才出現一次高潮（皆與月亮的黃白道兩交點周期有關）。

生物體的活動很多也依一定周期而起伏，以人而論，至少已發現三百個以上不同周期，有以日計、月計或年爲循環單位。人類由心臟的鼓動或胸腔的呼吸，皆以一定間隔不斷的反覆循環著。

# 天王星周期和「人生周期」

天王星在物理上的特質爲水，又爲光、電、磁、熱等現象，於後天卦爲坎，中國古稱「子宮」，黃道上爲寶瓶座。水爲萬物生化的根本與原始，《易》曰：「天一生水」。是凡天地生物，如果無水，皆歸死亡；人類也是靠水而有文明，我們因水而能生存。水的性質有三態（汽、液、固體），又能通三界（天空、地面、地下），故水是無所不在的。

天王星的發現，始於西元一七八一年，此時正當西班牙革命、俄普奧第一次瓜分波蘭、美國獨立戰爭與法國大革命之際，中國則當西南大小金川、台灣林爽文、與安南叛亂之時。科學上則工業革命興起，瓦特發明蒸汽機、哈格里發明紡紗機、卡特賴德發明自動織布機、富蘭克林發現光電的奧秘等，各種科學發明與技術精進，一日千里。

天王星是個奇特、怪異、與眾不同的行星，它以橫向的自轉軸，作上下滾動的運行，其繞日公轉周期爲八十四年，爲七的倍數。七年、七個月、七日、七個時辰等，都是一個重要的反覆周期，它和我們的出生周期有著密切關係，七也是天地運變周復、生生不息的神秘數字，《易經・復卦》中也有：「七日來復」一語。

由七的倍數而衍生出十二階段，恰與黃道十二宮的運變相合。太陽與其他十一個星象，共同主宰著此十二階段，也就是我們「生命的十二階段」，而行星亦成爲人生與生命蛻變的指南。

天王星代表一切新的、突然變化、意想不到的事物。是喜歡擺弄打動人心的突發事件的星，它掌管著光與電。由於天王星的發現，而改變舊有的行星形態、觀念，分裂、革命運動，與工業、科技、自動機械的興起，因而也

改變了我們今日的生活，意外的、不尋常的、冒險的、壯觀的，甚至有時候是災難性的。

天王星爲運行緩慢的行星，而由於它在一個先天宮位上停留七年，但卻每天通過後天每一宮位，因此其宮位變得非常重要。甚至，即使是好的相位，改革仍常會引起分裂，但最終結果，則比在凶相、苦惱時所作的改變，較爲有利而已。相對的，壞相位感應，其改革引起的分裂，將造成嚴重衝突與混亂。

天王星影響強烈、重大，會影響每個人成爲深具特色而與眾不同的個性，生活在現在或是未來，其對新的事物的研究、改進、發展，不遺餘力，尤其對科學、星象學、形而上學、玄秘學等，深感興趣。他們常需擁有一項特殊、怪異或與眾不同的嗜好，以表達其創造力與發明才華，並建設性地運用其精力，強力地表達或推銷出去。天王星亦會使人發現獨立、自我的生命意義，個人意識的覺醒，與人道主義的推展，並使美國成爲自由、人道與工業、科技的領導者與先驅者。

天王星在生化學、星象學上，主生物的創始與進化、人的原始、出生與繁衍等，也和遺傳基因DNA有關，DNA可以衍化千萬，顯現出萬物的多樣性與變化性，並使我們衍生出人人相異、或各具特色的相貌、潛能、人格特質、與命運等，其中雖有相似，但不會完全相同。

自地球生成至今，每一個人均有其獨立自主，且與眾不同的本命命盤，此有別於世俗所謂的「太陽星座」，太陽僅主自己父親與丈夫的人格型態、部份男性性格中外在的形相，與來自父親家族的遺傳因子。月亮亦僅主自己母親與妻子的人格型態、部份女性性格中的形象與情緒，與來自母親家族的遺傳因子。

而父母結合後，就出生我們個人不同的生命。這個生命個體，既不同於父親，又不同於母親，亦有別於天地間的任何一個人，自宇宙創生以來，每一個生命個體就是一個完全獨立、自主的生命，也沒有絕對相同的命格與人，這才是星象學要討論的神聖課題。

自宇宙創生一百三十餘億年以來，每一個生命個體，爲何都是與眾不同的，或看似雷同而實異的，因爲太陽與地球在天體運行中，從來沒有重複出現在同一個經緯度位置上，也就不可能出現有相同的生命。是凡天地間只有相對性與平衡性，才能保持和諧與對應關係，至於絕對的事物，或完全相同的命格，終究會歸於毀滅的，更是不可能存在的。

地球自四十六億年前誕生以來，人類出生何止數兆，但皆由各種不同人格型態的父母所孕育生成，更造就了今日數十億個不同的人類生命個體，即使上述的條件完全相同（但事實上是不可能存在的事），又因後天因素的影響，如父母、家世傳承等不同，每個人的生命，亦不可能完全相同，因爲天命如此，是凡完全相同的命格，在父母生產兒女時，已作了篩選，全部都會流產，而不能生活在世上。換句話說，能健康出生的生命，就一定是與眾不同，並且地球有人類以來，所有的人類皆不相同。舉凡相同的事與物，終會歸於毀滅的。人類之所以比其他生物高等，道理即在於此。

現代科學星象學是專業高深的學問，是依據精確科學觀測的星度，結合哲學上的推理，加上太陽系諸星象、軌道磁場與人、地、事、物間等的時、空關係，甚至加上遙遠恆星等的磁場感應關係，而完成的一套精密「人格分析學」。

地球上的一切生命現象，皆受星象所影響。它也能洞徹宇宙、人生與萬物的一切奧秘，也是一套正確的人生指標、人格型態與生命模式，只要有正確的認識與瞭解，即可減少許多人世間的衝突與苦惱。若要瞭解自我、洞徹他人與世事，只有從星象學上去著手，方不致誤。

# 太陽系星象感應表

除了意外與疾病，一個人的壽命應該是八十四歲，星象學將其分為十二期或階段，每期七年，而各期由一個行星主宰。此十二階段星各有不同的目標、挑戰、機會與成就。瞭解各階段在星象學上的意義，即能幫助我們瞭解生命的奧秘。

古人早將命盤與十二個階段連在一起，此命盤是星象學上最古老的命盤（如下頁表），畫出星座與行星領域的關係，是採「雙宮主星制」，即太陽、月亮共轄最高的黃道宮，即獅子座午宮、巨蟹座未宮，中國古稱「支辰合氣」，即地支（黃道）宮與星辰相合通氣也。每個行星相鄰（六合）所轄的星座，（此時未發現天王、海王、與冥王星）。如頁一九四上圖所示，太陽與行星依

| 分類 | | | 星象名 | | 距日AU天文單位 | 恆星周 | 衛星 |
|---|---|---|---|---|---|---|---|
| 陽九星 | 內行星 | 個人行星 | Earth◆ | 地球／地心系統 | 0.000 | 365.25天 | 3 |
| | | | Mercury | 水星辰星 | 0.273 | 88天 | |
| | | | Venus | 金星太白長庚 | 0.387 | 224.7天 | |
| | | | Sun | ◎太陽日金烏 | 1.000 | 255,000,000年對銀心 | |
| | 外行星 | 非個人行星 | Mars | 火星熒惑 | 1.524 | 687天 | 2 |
| | | | Jupiter | 木星歲星 | 5.203 | 11.86年 | 16 |
| | | | Saturn | 土星填星 | 9.539 | 29.18年 | 17 |
| | | | Uranus | 天王星 | 19.18 | 84.01年 | 15 |
| | | | Neptune | 海王星 | 30.06 | 164.8年 | 8 |
| | | | Pluto | 冥王星 | 39.41 | 247.7年 | 1 |
| 陰九象 | 冥外日系星象 | 超個人行星 | Cupido | 邱比多／超海王 | 42.1 | 262年 | |
| | | | Hades | 哈德斯／超海王 | 50.6 | 360年 | |
| | | | Zens | 宙斯／超海王 | 57.3 | 455年 | |
| | | | Kronos | 克羅諾斯／超海王 | 62.4 | 521年 | |
| | | | Apollon | 阿波羅／超海王 | 68.9 | 576年 | |
| | | | Admetos | 阿德美多／超海王 | 71.5 | 624年 | |
| | | | Transpluto | 超冥王／超冥王 | 77.8 | 656-85年 | |
| | | | Vulcanus | 渥卡努斯／超海王 | 78.7 | 663年 | |
| | | | Poseidon | 波塞頓／超海王 | 82.9 | 740年 | |

逆時鐘方向繞行黃道宮，月亮與行星依順時鐘方向繞行黃道宮，行星以與太陽的距離爲基準。又如頁一九四下圖所示，即現代的「單一宮主星制」，自月亮經水、金、火、木、土而至三王星，加上X星、與Y星與太陽，周遍十二宮。

天文學家終於一九九七年發現X星，至於Y星，天文學界尚未發現，目前則是一種假設，但星象學上早已用的數十

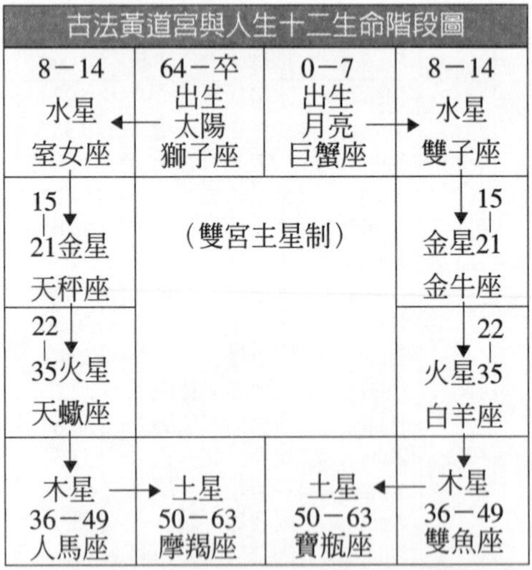


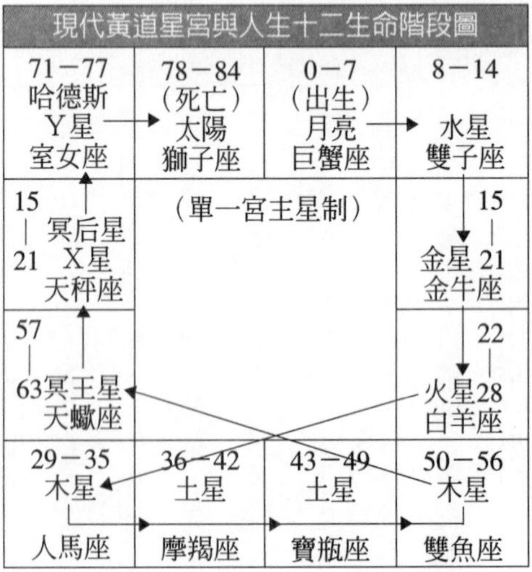


年，我們在通過生命十二階段與十二守護星時，就會明白爲什麼此Y星必須存在，以及兩星與一個人完成心理、精神與進化的關係。前圖標示的行星，表示：爲「雙宮主星制」，與現代的「單一宮主星制」不同。

# 人是宇宙「獨一無二」的生命個體

星象學中的星盤，就是整個天地的縮影，也是一個人或生命的遺傳密碼，我們研究星盤，即是在解析此遺傳密碼。星與宮間的關係，猶如人體中細胞與臟腑間的關係；而相位的吉凶，亦如人體中細胞與臟腑、肉體與精神間的關係，若關係正常，平衡、和諧時，則我們的身體與心理，皆得以健康與正常成長；若不正常，則身體與心理即出狀況，成長亦受影響，甚至災病連連、殘疾、孤貧、短命而死。此天命的定數，不可以用人爲變更絲毫，即使今日科學可以改變些許，亦將帶來無窮禍患。

凡人的壽夭賢愚、貧富貴賤等，皆爲天定。試看諸多行善積德的善人君子或忠臣孝子，並未得善終或福報；又許多作惡多端的小人惡霸或奸黨昏君，卻是壽永而善終，甚至富貴雙全。是故，雖積德行善，並無法改變命運。

人生的十二階段，最先受制於月亮與所轄的黃道宮，即巨蟹座未宮；而最後終於太陽或獅子座午宮。因爲在星象學上，月亮主形體、遺傳，太陽主精神、不朽。科學家亦證實，人的形體每七年變換一次，體內細胞每七年更替一次，而人的命運每七年爲一周期，成長一次，進入另一個新的階層。月亮不僅管形體，也管形體的進化、生殖等，因爲月亮與營養、生產有關。

月亮代表母親與女性本身，在易學上，坎爲月，居於子宮；而寶瓶座子宮，先天爲坤卦，後天爲坎卦，星象學上爲天王星，於數爲七，七經歷四象而變化爲廿八，此即月亮運行地球的周期，亦爲女性的生理周期。女性於每個月的生理期間，排卵一次，作好懷孕的準備，等待陰陽的結合，亦在準備爲人母親，好發揮母愛的光輝，這是母愛的高度表現。

在月亮所轄的黃道宮上，生命的十二階段，與行星距日的遠近次序有關，每個行星代表一個階段。明瞭此十二階段的次序，即可洞徹人類如何從生活經驗、試煉之中順利進化，不幸的是，很少人能完成理想的目標，因爲劫難（星與星象宮間的凶相感應）阻礙了我們的成長，甚至使我們停滯不前，再凶則使我們壯志未酬而身先死，但當我們能勇於面對挑戰時，生命才會變得璀燦、可愛、可貴、偉大與不朽。

試看世界諸多偉人與不朽的人物，皆是經歷無數試煉、考驗、危難與艱險，而得到最後的成功與成就，甚至爲了理想與目標而犧牲了寶貴的生命，這正是生命的意義。

由七的倍數而衍生出十二階段，恰與黃道十二宮的運變相合。太陽與其他十一個星象，共同主宰著此十二階段，也是我們「生命的十二階段」，而行星亦成爲人生與生命蛻變的指南。

# 月亮和巨蟹座對人的影響

月亮主宰著我們形體、情緒、生育、遺傳、家庭與潛意識力量，更代表著女性的整體與生理週期，至關重大，更影響著我們從出生前數年，至成長階段七歲前的全部，成長後也密切關係著個人的情緒與家庭。是故，父母必須作好最佳的心理準備，包括精神、心理與物質等各方面，才可生育子女，否則必定會終身遺憾與抱怨，並爲家庭、社會與國家製造許多困擾、壓力與財政負擔。

月亮守護著巨蟹座未宮，蟹有著一層保護性堅強的外殼與兩螯，可見一斑。此宮的人感情內斂而敏感，相當保守矜持，自我保護性極強，多半是在愛情長跑多年，甚至十數年後，在一切安全顧慮消除後，包括物質或精神各方面，方能解開心懷，得到美滿結果。

月亮掌管巨蟹座，主家庭。巨蟹座在結婚後，會成爲一位好妻子、好母親，但在懷孕後，其母愛強烈爆發，會將完整的母愛，完全轉化爲對子女的關切與照顧，深怕丈夫或外人傷害到自己的子女，此時丈夫會感受到夫妻的感情好像被急速冷凍一般，會感到不解與氣憤，此皆爲母愛的高度表現。

月亮代表出生，一個人自從母體出生以後，與母親的關係是漸離漸遠，起先由父精母血而著床胚孕成爲一個新生命，與母體關係是密不可分，甚至可謂結合一體，不可分割，至出生時，剪斷賴以維繫母子關係的臍帶開始，即脫離母體，雖仍在襁褓期間，吸吮母乳，但已成爲一個完全與父母皆異，且爲獨立自主的新生命與個體，基本上已與父母脫離（叛離）開來，其後學步，愈站愈穩、漸行漸遠，讀書、求學、戀愛、結婚、生子、自組家庭，同時創業或合作事業、出國、深造，及至中年，忙於事業與自己獨立的家庭，無暇照顧年邁、孤寂的父母。及長，父母大限終至，子女乃完全脫離（叛離）父母而眞正獨立。

此即一個人從生至死的整個階段。

月亮與天王星共同主宰著寶瓶座子宮，天王星在生化學上爲氯化鈉，也就是食鹽，食鹽是由氯與鈉兩種基本元素所合成，它既不是氯，也不是鈉，而是另一種新的合成物質食鹽。此亦可說明，經過父精母血所生下來的子女，是個獨立自主的新個體，正如氯與鈉的化合而爲食鹽一般。

對父母而言，尤其是中國人的父母，總是認爲子女是父母的翻版、承受絕對的遺傳關係，父母將整個生命投入這個照顧家庭與子女的神聖、偉大而任重道遠的「終身事業」上，犧牲奉獻且無怨無悔、眞所謂「天下父母心」、「天下的媽媽都是一樣地」。認爲子女是父母的附屬品（骨肉），是未來或終身的依靠與保障，所謂「養兒防老」，「有子萬事足」。

# 中國傳統的親子關係

相對的，子女必須完全百分之百的要「孝順」父母，這已成爲中國自古以來的「至理名言」，乃是天經地義、絕對無法抗逆的鐵則，中國自古以來的所謂孝道者，所謂「天下無不是的父母」，父母所言即是聖旨。如果子女稍有絲毫違逆，便會被天下人咒罵與唾棄，認爲是大逆不道的禽獸行爲，對子女的婚姻與事業等，更是擺出百分之百的「父母之命」、「媒妁之言」、「門當戶對」、「嫁雞隨雞」、「嫁狗隨狗」等不合天命自然，且是霸道、專制心態，自古以來，不知造成多少個人、家庭與社會的悲劇。

人與人之間的契合，自有其獨立人格的判斷與選擇，無論將來是吉是凶，皆有天命注定，不可抗拒，當事人多能順命與認命。而一般父母對子女各種的管教或安排，固然出自關心、愛護之情，但對子女而言，對其未來或婚姻，總有著一層陰影與壓力，更是造成今日個人生活壓力、心理疾病、離婚與家庭倫常異變的主因。

事實上，中國人的人生觀或價値觀有許多是錯誤的，需要大大地修正，中國人是相當霸道、堅持、多疑而陰狠的民族，中國的皇帝更是高高在上，權威不可一世，操生殺與奪的大權，只要奸人誣陷忠良，或皇帝懷疑臣屬有叛逆的心，動輒「滿門操斬」，認爲「寧可錯殺一萬，絕不放過一個」。弄得奸臣、小人當道。

中國人的所謂「忠孝」是絕對的忠、絕對的孝，即所謂「君要臣死，臣不得不死」，「父要子亡，子不得不亡」，實在是一種無可救藥的劣根性。結果，被誣陷或被懷疑謀逆的忠臣良將，因爲只有死路一條，完全無自我表白或申冤之途，只有起而造反。歷史上屢見不鮮使得中國數千年來，科技的發展相當粗劣與緩慢，中國自詡爲數千年文明古國，如今尚不如科技發展僅百餘年歷史的歐美國家，即肇因於此。

相對的，中國人的父母對待子女，也是相當專制、嚴峻與冷酷的，不論父母是對是錯，子女只有照單全收，不可打一分折扣，否則就會被冠上「大不孝」的惡名，相反的，唯命是從、毫無自我意識的乖乖牌，反而成爲父母的最愛，是「最孝順」的子女。

又如「父母在，不遠遊。」父母希望子女留在身邊，如果子女離開家庭出外，亦是「不孝」。在傳統孝道觀念之下，父母愛之適足以害之，父母完全壓抑與限制住子女的才華與潛能，甚至徹底泯滅了子女獨立、自主與特有的人格特質。

# 修正親子關係和教育

如果我們洞徹天地，瞭解星象學的奧秘與月亮等十二生命階段的性質，即可眞正瞭解自我，可以眞正作個好父母與好子女。前述知道一個人自從母體出生以後，與母親的關係是漸離漸遠，愈變愈疏，起先由父精母血而著床胚孕成爲一個新生命，出生時脫離母體，但已成爲一個完全與父母皆異且獨立自主的新生命，雖有父母的遺傳，但畢竟已是個具有獨立生命與自主人格的個體。

現代的父母絕對不可以像古代父母般地霸道、偏執、嚴峻與保守，必須完全尊重子女的人格，多讓子女有表達其獨立、自主意願的機會，好讓其有自由發展的空間，發揮其潛能、創意與才華，父母最好只作個旁觀者、或諮詢、輔導者，但也不是完全不管，須就子女個人的性向、才華或潛能，加以適當的輔導與修正，以矯正部份偏差的人格，最怕的是父母以偏差、怪異、狹隘的人格或人生觀，來「輔導」、「教育」子女正常、純眞的人格與行爲，反而弄巧成拙、矯枉過正，必會造成家庭與社會的不幸或悲劇。

今日時代的劇變，人倫與親情關係，必須順應時代而作變更，爲人父母者不可再執迷不悟，在親情、親子關係上，父母也須放下身段，與子女多所溝通，只有在相互尊重與體諒之下，讓家庭成爲眞正的安樂窩與避難所，夫妻樂於回家，子女安心讀書，學習知識，正常成長，才能使人倫與親情關係正常化。

也唯有在獨立、自由發展的空間，子女的人格成長與潛能才華，才得以完全發掘出來，所謂「天生我才必有用」。而此「才」必須因「人」而異、因材施教，絕非一例通用。父母或教育界若以同樣一套方法或模式，施用於所有子女或學子身上，是教育上的一大錯誤與失敗。

例如，眾所周知，大科學家愛迪生是個發明奇才，是人人稱羨的人中龍，如果生在中國，愛迪生可能會成爲一個凡人，甚至變成瘋子，因爲中國的父母會按照社會與自我價值觀來教育愛迪生，可能期望或強迫他將來成爲狀元、宰相或醫生，則必定會使父母失望。

而其結果，輕則怠學、不求上進、抗拒父母的堅持或師長的教導，嚴重則逃學、逃家，逃脫一切的壓迫與束縛，甚至意志薄弱者，會自甘墮落，抽煙、喝酒、吸毒、出家、弒父、殺師、或自殺，今日社會的劇變，倫常慘變、尊師重道的沒落、孝親友愛之道漸薄，當然在有星象的運變，而傳統教育觀與價值觀上，父母對子女態度，早已根深蒂固，實爲另一主因，今日爲人父母者，必須引以爲鑑誡。

如果月亮受到創傷，或安全感受到破壞時，其自衛能力會完全瓦解，而變得情緒躁動不安與神經質。尤其是家庭、子女或親人受到傷害時。不快樂的童年，所養成的不良習性，很可能不適用於成人世界，太早養成這些習性，以後很難改變，因爲在不知不覺中已深植在潛意識裡，且若積習太深，無法改變，必會成爲未來家庭與事業的阻礙。這些人可能情緒敏感，深怕受到傷害，並作出最完備的自我保護，因而變得情感空虛，甚至得到精神疾病，而迷失在妄想與幻覺之中，或漸漸成爲癡呆、歇斯底里。

# 人的「生命十二階段」

## 一、月亮階段（等於巨蟹座）當0歲至7歲

月亮統籌我們的感情、情緒、基本潛意識、習性、自衛能力、安全感、根性、母性、愛心等。月亮時期，我們的身體快速成長，和父母兄弟姊妹相處，使我們心智較爲成熟。

但是此時大腦還尚未發育完全，這段歲月在以後的歲月時間中，不會留下太多的記憶或印象。

但心理學家認爲，這是生命中最重要的階段，因爲此時我們將建立基本的情緒模式（愛、惡、恨、欲等基本潛意識能力），對親人的感情與對家的依

戀，以及基本生活需求，對衣（對外界事物的感知）、食（吃喝等的欲求）、住（安全感與根性）等的需求，並養成基本的習性（包括好與壞，尚未能辨別是非）。

如果在幼年時得到母愛的關懷、照顧，或成長環境良好，等於爲以後的發展墊下良好的基礎，使我們知道如何與人相處，如何面對如衣、食等的基本需求，而且培養了良好的習慣與本性，因爲月亮主重情、念舊、安定等。所謂：「三歲定終身」。又有：「好的開始是成功的一半」。故知，在襁褓哺乳期間的關照與好的家庭成長環境，對子女有著莫大的影響力量。

以上所述，乃指出生後的後天養成教育，是心理學家的說法。但星象學家卻認爲，出生的時間與地點，已注定該生命一生的宿命，人的出生立刻會感受大自然的各種感應，尤其是太陽與月亮兩星的磁場感應，由此可以知道一個人的命宮度（Ascendent），進而能瞭解我們整體的性命與運數。

太陽主父親與來至父系家族的遺傳，女性結婚後太陽主丈夫或來至夫家的影響與關係；月亮主母親與來至母系家族的遺傳，男性結婚後月亮主妻子或來至娘家的影響與關係。

而一般所熟悉的占星術，是以出生月日而定的太陽星宮（Sun Sign），僅是論斷太陽一星的感應，而並非完整的星象學。

再嚴格說，一個人的生命與性格是與生俱來的，而且是在母親懷孕之前早已注定，在生命誕生前的兩三年，父母的家庭狀況、相互的感情與個人的性格、情緒等關係，會完全反映、重生、遺傳在子女身上。

也就是說，父母在家庭、事業、感情、情緒、運程等不佳時，千萬不可懷孕或生育小孩，否則必會生出遺傳不良的子女。父母經常打罵子女、抱怨子女的種種，認爲「父母都不是這種人，子女爲何是這副德性，一點都不像父母。」甚至直斥子女爲孽畜、逆子，事實上，責罵子女等於責罵自己，子女的生命與人格都是父母所生，子女的好壞，全是父母本身的責任，應該責怪自己，爲何在家庭與夫妻關係極度不良的環境下生育子女。

## 二、水星階段（等於雙子座）當8歲至14歲

水星統轄我們的意識、理智、感覺、感受等，即神經系統等。水星時期，我們的身體快速發展，我們上學追求新知，對一切充滿好奇。我們學會如何有效的與別人溝通，急於想去認識這個世界，在此時期，不斷想學習作個大人，舉凡大人的一切行爲，都會設法學習與模仿。

如果平安度過這個時期，我們就變成大人了，從自然的觀點而言，青春期也屬成人（雖然社會習俗與法律，認爲廿歲才成年），儘管這個年紀的年輕人，仍然不成熟、不脫稚氣，但已知道如何與同輩相處。此時尚未眞正瞭解自己的性別，經常是男女莫辨。

此時期若受創傷的人，即水星相位凶時或逆轉（退行）時，等於心智受創，可能永遠長不大，他們沉溺在這個不需要負責任的階段，人格不成熟，無法負起成人的責任，像彼德·潘（Peter Pans）一樣，想永遠只作個小孩。

## 三、金星階段（等於金牛座）當15歲至21歲

金星統轄愛與親人間的關係。此時我們瞭解自己的性別，對異性充滿期盼，學習如何與另一半相處，才能滿足對異性與性的需求。

如果成長順利，我們和異性建立了良好的關係。我們不再依賴父母，逐漸獨立與負起更多的責任。對於交際與人情關係會變得和諧、良好，知道與人分享自給的興趣與快樂，戀愛與感情世界變得多彩多姿，夫妻關係因和諧、平衡、容忍而得以維繫、保持並延續。

此時期若受創傷的人，即金星逆轉或相位犯凶時，等於破壞了平衡、和

諧的關係，可能不知如何與異性相處，例如，爲了補償此時期的自卑或失落感，變得縱情貪慾，只求性慾與金錢的滿足，或對男女關係不感興趣。對於交際與人情關係，會變得很糟。

## 四、火星階段（等於白羊座）當22歲至28歲

火星與積極、主動、自信、果斷、成就動機、英雄氣概等個性有關，就是想出人頭地、揚眉吐氣的動機。這個時期已完成高等教育，投入社會工作就業，體力達到高峰，因爲火星注入了活力，如果善用這種特質，必能闖出一番事業。

如果此階段發育良好，運用精力與智力，走出自己的天空，同時成家立業，或者找到了現實生活的模式與世俗間的人生方向。此時是建立基本生活模式的最佳時機，爲自己找到一生奮鬥的目的。

## 五、木星階段（等於人馬座）當29歲至35歲

木星與成長、擴展有關，我們急於發揮潛力，超越顛峰。此時我們的事業已穩固，薪水也增多，運氣亦好轉順暢，孩子亦陸續出世，我們也找到新的興趣，對未來的未知世界，充滿新鮮、好奇、追尋與探究的欲望，對國外與高深智慧的哲學、藝術，產生興趣，甚至信仰宗教等。

如果發展順利，我們開始在各行各業中嶄露頭角，逐步邁向事業的高峰、諸多的機會與好運就在未來，會成爲社會的中堅份子。會懷著仁慈、善良的愛心，並參與公益、慈善的事業，成爲眾人心目中的大善人與大智慧者。

此時期若受創傷的人，木星相位凶時或逆轉時，會變得奢侈、揮霍金錢、浪費時間、精神與體力，自負、誇大、好高鶩遠、過度樂觀自信，變得

不可一世、目中無人的大男人主義。

## 六、土星階段（等於摩羯座）當36歲至42歲

土星與極限、教育、教訓、試煉、生活方式等有關，這是個「安定」期。到了土星末期，我們已登上事業的高峰，並逐漸明白已不可能再前進了。

此時期我們已不再年輕，已感受到年齡壓力，有了「中年危機」，我們瞭解自己的極限後，可能無法釋懷，不肯承認機會已一去不回，並爲未來預作準備。

如果平安度過此階段，我們會瞭解要接受自己的極限，同時珍惜與設法穩定目前的成就。同時，孩子也長大，並開始離家。

此時我們會嘗到因果報應，反躬自省，將爲昔日的錯誤付出代價，因爲

感到後悔，會作出補償、贖罪等，有時變得自怨自艾、鬱鬱寡歡，因而感悟到天網恢恢，疏而不漏。

## 七、天王星階段（等於寶瓶座）當43歲至49歲

天王星與個人的人格特質有關，使我們有異於別人的個性。此時在生命或身心等方面，皆會產生重大的突變，我們更加了解自己的特質與才華，因此可能會在某天早上起床後，突然發現自己結錯婚、嫁錯人、入錯行、工作不適合，住所不對勁，對人、事、地、物等各方面，覺得都不能適應，我們也會突然瞭解眞實的自我，自然也清楚自己眞正的人生目標。

根據統計，在此年齡層的離婚率，在各年齡層中居於最高位。此階段亦爲個人命運好壞吉凶的轉捩點，或婚姻與合作事業的分合點，亦爲生命或命運（不論吉凶）另一春的開始，或是提升生命層次的轉換年代。

這七年可能與木星周期一樣的難熬，我們執意要追尋自我，不惜放棄眼前的一切，遺世獨立而想過自己要過的獨特或與眾不同的生活，很可能搬到加州或地中海海岸，以船爲家，或遷居到人煙罕至的海島或山上，過著像是世外高人般的隱居生活。我們會認爲，此時不做，可能永遠沒有機會了，我們已開始體認到來日無多。

如果此階段發展良好，我們能坦然接受自我，不再拚命維護一貫的形象。這個階段的中年人常散發出獨特的魅力，個人的才華得以盡情的發揮，而不會作不必要的隱藏。

## 八、海王星階段（等於雙魚座）當50歲至56歲

海王星代表同情心、自我超越與犧牲，我們超越以往的狹隘與自私，認同更高層次的美、善與大愛。

我們能順利的走過這個階段，不再那麼自私或自我中心，自以爲是，開始產生悲天憫人的胸懷。年輕時候對宗教嗤之以鼻的人，現在可能把宗教當做生活的重心。此階段的理想爲「超越自我」與「實現理想」。

## 九、冥王星階段（等於天蠍座）當57歲至63歲

冥王星與劇變、蛻變、毀滅、重生、權力、更新有關，此時期的個人有最大的力量去改變世界。世界上許多舉足輕重的領袖，都屬於這個年齡層。

我們如果能順利的走過這個階段，當事人在木星階段登上事業的高峰，在土星階段坦然接受了自己的極限，在天王星階段充份發展個人的特色，在海王星階段努力超越自我，並培養了民胞物與的胸懷。

這個階段的人，充份準備在他所投入的行業中，發展天賦權力，我們如果順利通過這個階段，個人將在其所從事的行業中，奠定新的楷模爲人類留

下貢獻。

## 十、X星階段（等於天秤座）當64歲至70歲

在天文學的領域中，X星尚未發現前，興起一股「找十」熱潮；天文學家遲至在西元一九九七年才發現這一顆新行星，但在星象學上早已運用數十年以上，並已定名爲「超冥星」（Transpluto），即「冥后星」波希鳳（**Persephone**），是「冥王之后」，希臘神話稱爲「春神」，是個吉星，相對位置等於天秤座辰宮，並成爲該宮的宮主星。

天地間任何事物皆重平衡與和諧，爲了對稱與精神因素，X星是不得不存在的，只有這些星體（X星與Y星）存在，我們才能從星象學的觀點，充份瞭解一個人心理的轉變。觀看黃道宮圖，X星比金星高八階，「八階星」表示性質相同的兩星離太陽最遠的感應。以此類推，月亮的高八階爲土星，

水星的高八階星爲天王星，金星的高八階爲X星（即冥后），火星的高八階星爲冥王星，木星的高八階星爲海王星等。

探討X星時，不得不作些預測，但是可以瞭解其基本意義，因爲X星是金星的高八階星，必然需將金星的特質加以提升，變得更奧妙。金星牽涉到人與人之間的情愛、友誼、平衡與和諧，X星必然關係著一個人的生命態度。因爲知道老已將至，對身體的調適相當注重，會從事一些較爲輕鬆、自然的體操或運動，如散步、慢跑、太極拳、氣功等，或與同道、同好一起下棋、品茗、欣賞或從事藝術等的活動。

進入這個階段，我們的活動力大不如昔，不是退休，即是減少工作。如果態度積極，我們對人增加了包容的愛，我們不再把生命當作戰場，能平心靜氣地以包容的態度對待別人。少了年少的霸氣與衝動，我們能客觀的觀照這個世界與時代，尊重所有生命，對人世充滿大愛與容忍，注重和諧與平衡，對於未來與人生終結，仍充滿著美好、愛與美的憧憬，坦然面對，無畏無懼，並勇敢接受過去的功過、得失、幸與不幸等的一切。

## 十一、Y星階段（等於室女座）當71歲至77歲

雖然Y星在天文學上尚未發現，但星象學早已認定此星象感應的存在，理由同X星。

X星在星象學上爲超海王系星之二，即哈德斯（**Hades**），此星主秘密、潔淨、需求等，此星的性質，近似水星。Y星爲水星的高八階星，所以也須將水星的特質，加以提升至更奧妙的境界。

水星與初級心智活動與初級教育有關，也就是日常生活瑣事，Y星必然是與精細的心智活動有關，例如不受世俗干擾的純理性與知識。

這個階段已能擺脫世俗的干擾，瞭解生命終將回歸塵土。有些人會不斷

反省自己，回顧這一生作了些什麼，有沒有未了的心願，所需求者爲安寧、穩定的生活，不希望太多的打擾。因年紀已老邁，對健康甚爲注重，生活與飲食各方面多所選擇、也較爲挑剔、潔淨，注重營養，許多以前喜歡吃的食物，也不得不放棄。

## 十二、太陽階段（等於獅子座）當78歲至84歲

太陽統籌自我、性格、潛能與精神、精力、活力。一個人經歷過前面各階段的生活，已能瞭解自己的才華與個性，並負起自己在塵世的責任，坦然面對這輩子的功與過，靜靜等待天主的召喚，讓生命接受終極的蛻變。也就是一個人臨終前的「良心發現」、與「回光返照」。

太陽誕生之時，光芒四射，照耀八方，猶如新生命的出生，帶來周遭或整個家庭的無比歡樂與希望，但時日一久，太陽與一般恆星相同，其光芒會

由強轉弱，漸漸變成棕矮星、白矮星，最後成爲中子星而步入死亡，經爆炸後又變成超新星，如此循環不已，生生不息。

太陽在個人星盤中，代表一個新生命的全部，即生命的本身（Life Itself），包括精神、意志與肉體。而太陽的終結，亦表示生命的盡頭。一個人在太陽發光發亮之時，有多少的發揮與奉獻，在其終了之時，歷史或後人，必定會給予一個公平的評斷，所謂「蓋棺論定」。

好像一個演員在舞台上的才華與表現，在落幕之時，必定會得到掌聲或批評。讓我們在有生之年，盡量發揮其潛力與才華，在人生的舞台上，作一個好演員，演好每一齣戲碼與角色，來接受觀眾歡悅、歡呼、敬愛與肯定的鼓掌與批判，則人生可以了無遺憾。

# 7 星象學上月亮的感應

# 月亮的基本特質

月亮在星盤中的影響力極爲重要，它是最靠近地球的星球，在黃道上運轉最快速，所以感應在星盤中的力量也最大。

月亮是顆陰性的星，代表我們的肉體和物質的身體，它的本質是柔軟的、平滑的、思慮的。其性質是陰性的、寒冷的、潮濕的。表示家居生活的，養育的驅力。在人物方面則代表女性，如母親、妻子與女人。

兩個彎彎半圓，這是月亮的圖騰，它的符號象徵：「第一個新月狀的弦月」，代表月球在它的第一個四分之一的周期。

反映太陽光芒的月亮，守護著巨蟹座，在金牛座是旺勢、在摩羯座是失勢、在天蠍座則是落陷。屬於月亮的字訣是「感情」。它的影響如：個人情緒的轉變、物質生活的原則、感受的能力、持續的能力等。

起伏而易變的月亮，支配著我們的本能、情緒、周期運轉、接納力、變動、感情、習慣、反射動作各行爲。月亮在星盤中的宮位，表示星盤主在該領域中易有情感的起伏。

月亮對身體也有相對感應的部位，如胸、胃、體內的流體平衡、消化、腺體分泌、男性的左眼、女性的右眼。所代表的疾病如水腫、腫瘤、膿瘡及類似起因於體液的病痛、胃及消化方面疾病、女性生理和內分泌失調、癲癇症、精神錯亂、視力不明、頻發抱怨。

月亮正面特徵有：機智的、喜好文學的、敏捷的、敏感的、記憶力強的、有才能的、勤勉的、討人喜歡的。而負面特徵如：無原則的、搬弄是非的、易受影響或傷害的、投機的、自大的、世俗的、粗俗的、健忘的、欺騙的、神經質的、焦慮的。

# 月亮在黃道星座的感應

月亮代表感情、直覺與陰性原則。以下的描述應依此脈絡作思量。

## 月亮在白羊座

・你把生命當作一場冒險，並能接受新觀念，把經驗當作實現自我的手段。有很多未加矯飾的眞實熱忱，但耐性有待培養。

・脾氣不穩定，易怒但來得快，也去得快，你常會表現「我先」的傾向。你那快捷而易變的心智是出色，敏銳的，但很易脾氣急躁，神經質，甚至衝動魯莽。

・你似乎對於周圍的人所付出的感情相當超然，但其情感方面又很尖銳激烈，常把感情刻意當作圖利的工具。

## 月亮在金牛座（旺相）

・由於你講求實際，注意力往往集中於物質的舒適與財物上的處理。處處想要最好的，但很少爲了少量事物而停留。

・月亮在金牛座爲旺相的行星，此種相位帶有月亮內省而穩定的一面，但卻減低了月亮的善變性。

・對於自己的理想可不辭勞苦的堅持到底，但忠實、摯愛而傷感的性格有點盲目、羞怯。可能缺乏原創性，所以不要太固執於自己的作爲。

・官能反應緩慢但強烈，有精確的記憶，可長時間反覆思索某項行動，而後以緩慢而穩定的方式，根據所得資訊展開行動。

## 月亮在雙子座

・你對於霎那間的親密接觸特別感興趣，你的感情喜求變化與新奇，而非持久與深度。

・你通常無法保有持續的感情與不可動搖的忠貞，雖然你的感受力不強，但知覺方面卻敏捷而精確；對於外在事物的接收乃基於理性而非感覺。

・你的官能傾向於理性而非感情的一面，這會形成冷靜觀察與推理的才能。你的心智多變，且經常進入混亂狀態，但卻又能吸收無限量的細節。

・由於你多才多藝和善於適應的特質，可同時擁有兩個或多個職業。

## 月亮在巨蟹座（入廟）

・你富於母性與同情心，但有時會以恩人態度自居，天眞地依靠自己的感覺，但對無法控制的事物容易掛慮。

・你的官能感應非常精確，但不常把反應表現出來。其心智傾向於沉思，反應緩慢而不確定。

・對外界的影響很敏感，而接收到的往往是負面的震撼；如果這種感覺滲入到人際關係中，會使自己心情鬱悶、不開朗。

・你有豐富的寧靜感情與服從力，對家庭與家人持有特殊的愛，這是你的首要顧慮。你的性情溫和與寧靜，懷有浪漫的愛而非劇烈的激情。

## 月亮在獅子座

・你自負而獨立，除非本身有興趣，否則就把事情丟在一邊。一旦決定一項行動，對於別人的干涉與批評會很痛恨。

・在感情上，很依附於屬於自己反應及自我特質的一切。你的感官印象很敏銳，能對別人與他們的動機迅速作出精確的評估。

・自負和自我中心，且有點浮誇，缺乏客觀，容易有盲目的感情。當你眞正交朋友時，必然會投入以全心的感情。

・你常常缺乏好奇心，但一旦激起興趣，即可學習的快又正確，然而其一切的學問之累積乃出於其感情。

## 月亮在室女座

・你對於別人的鼓勵與欣賞很動心，有一種深切的飢渴，想要與人分享經驗和自我實現的歷程。這使你在感情上過於熱望，使你傾向於在各種人際關係中居於駕馭的角色。

・容易與人糾纏不休，甚且易於動怒。很能大方地付出自己的時間與服務；很想爲人服務，但難以了解別人的感覺。

・你所要的只是你想要的，以及你想要的方式，能加強心智上的特質，但在此卻以穩定與實際的傾向，取代了月亮在雙子座時的好動心智。

## 月亮在天秤座

・你將生命當作是一種嘗試和經驗，或從錯誤中尋求自我發現的手段。在每個機會中，尋求與人共享的經驗；對人性有一種輕鬆、雅緻而無私的感覺。

・深切地需要別人喜愛你，天生有禮貌，有外交家的風度；自己情感上的安寧需仰賴別人的讚許，所以往往熱切地去取悅別人。

・你傾向於爲目前而活，對於每件事情的變化，皆會以公正的態度去衡量。

・性情友善，容易與人相處，人緣極佳，但如果把這些特質作負面的發揮，會變得任性、輕浮而好批評。

## 月亮在天蠍座（落陷）

・你的感情強烈，經常出於任性的慾望。缺乏耐心，情緒多變，甚而耽溺於冥思。你容易受傷，因而變得嫉妒、懷恨與執意報復。

・你經常太快去評斷他人，而想要以微妙的手段去操縱；你對於別人的反對或干涉無法容忍，但也經常出於仁慈，作很多犧牲。

・你有執行能力，足智多謀，充滿進取心，雖然衝動而魯莽，卻有自信心，且能達到成功的目標。

・你經常可得到自己所追求的，但事後又會發現那僅是空洞的；由於善嫉、高傲與充滿佔有慾，可預示婚姻的不和諧。

## 月亮在人馬座

・你對人的觀感很天眞，未察覺出眞正的人性差異。對別人的反應是把他們當作自己的一部分；傾向於與別人融合爲一。

・你想要與大家分享每件事，心胸開放，像耶誕老公公般的友善。有敏銳的預言能力與靈感；始終在探索，心智活動永不歇止，但經常缺乏連貫性。

・你的感覺很清晰，幾乎比其他星座還精確；因此判斷犀利，但必須學習在說話前先三思。

・你的心智厭惡混亂，拒斥任何與當前問題不相關的事物。當你集中精神時，只會集中於一件事，甚至到了似乎只有單軌心智的地步。

## 月亮在摩羯座（失勢）

・你想要讓人公認爲有頭有臉的人物，在感情方面極爲敏感，而同時又愛批評別人；然而，當你興趣被激起時，卻相當體貼，而不厭倦。

・月亮在此失勢的星座所帶來的特質，恰與溫情和自我保護的巨蟹座相反，所強調的是保守緘默與冷漠。

・對於自己的價值觀缺乏安全感；有許多潛意識的恐懼。對於別人的輕視（無論是眞實的或自己想像的）極爲敏感。

・不斷地以個人的尊嚴與成功的野心去証明自己的能力。因此你既非眞的很有同情心，也非眞正多愁善感。

## 月亮在寶瓶座

・你認爲經驗是証明自己的好機會，對於每件事情的反應出於實際而又充滿理想主義的觀點。你很需要放鬆，因爲你所負荷的感情往往過於沉重。

・你需要用計劃或藉著參與某種運動來解決緊張，否則你會深感受挫。這往往會導致永無歇止的漫遊或探索，或造成靈性上的啓發。

・你的官能感覺快捷，你的理性與感情是一起運轉的，因此你的心智很清晰。

・你把宗教上，人道上，性慾上與科學上的本能調配得很好。你有用第三隻眼觀照世界的氣質，且往往領先時代的思潮。

## 月亮在雙魚座

・你對於人性經驗的深層面，感應力很強。你對所有人皆深情款款，善體人意。你的情感很天眞，始終未見到別人的缺點。

・你很容易受傷，即使一點點芝麻小事也會傷感或傷心落淚。你不喜歡冷漠而客觀地面對事實，你會在人際關係方面受到傷害，因為你太過敏感。

・有時你可能缺乏幽默感與常識，你很像愛感傷的俄國人。你容易受到感官的欺騙，因為你太過浪漫和樂天，你始終戴著粉紅色眼鏡看世界和人生。

・你對於任何事情都情願相信最好的一面，真實的情況反而令你惱怒。

・你有音樂，詩歌與藝術上的才華。如果相位良好，它能賦予真正的靈視；若相位不佳，這會導致全然的幻覺或幻滅感。

# 月亮入後天分宮的感應

## 月亮在第一宮

・你很情緒化，敏感而脆弱，性情易變，任何事皆取決於你的感覺。

・一旦你克服羞怯，就能在群眾和社團活動中得到成功。

・你需要別人對你的認同，這使你熱切的想要取悅於人，一旦你沒有獲得他人的賞識，你會怨恨於心。

・你和母親的關係很密切，如果月亮與命宮會合，你會有戀母或仇母情結。

・你的想像力很強，對周圍環境的感觸很敏銳。

・你的體力很活躍，如果月亮位於基本型星座或變動型星座，會經常好動，永不歇息。

## 月亮在第二宮

・你有精明的生意頭腦，佔有慾強，能改變別人的價值觀。

・一生的經濟狀況會有很多變動，有時你可從母親、配偶處或是房地產中獲取財富。

・你適合在公眾事務或企業經營上和女性合作，也可獲得她們財力上的幫助。

・金錢與物質可保障情感的穩定，如果月亮在固定星座，你會和金錢與群眾有密切關聯。

・你不是很小氣，就是很慷慨，你必須改正這種極端。

## 月亮在第三宮

·你是個戲劇化和情緒化的人，重視內省和心智活動。

·你十分好奇，天生賦予一種錯綜複雜的人格，不安躁動，喜歡旅行，容易受環境擺佈。

·兄弟姐妹對你很重要，他們通常對你都非常有幫助。

·你可能經常更換學校，而且意志和精神分散，無法集中精神讀書。

·你藉著傾聽別人的話而學習，語文能力極佳。

·你有良好的記憶力，不喜歡固定的日常工作。

## 月亮在第四宮

·你直覺能力很強，容易以自我爲中心，經常和人比較，成爲激發自己的力量。

・你容易使自己和現實隔絕，顯得孤立、保守和害羞。

・你經常更換住所，月亮在此表示對雙親之一有很強烈的聯繫。

・你很會照顧和養育小孩，愛家、愛鄉，也愛親人和國家，但有不利感應時，你可能會和他們分開。

・你喜歡收集小物品和紀念品，並且特別喜歡古物、傳統與家族相傳的事物。

## 月亮在第五宮

・你經常對感情、愛情或對子女的渴望方面，都表達出強烈的情感。

・你感情豐富，喜愛羅曼蒂克氣氛，在不斷追求享樂中會發生許多桃花韻事，除非你的星盤中有許多行星在固定星座上。

・你擁有極大的魅力和詩人般的想像力，創造力會跟著月亮星座而表現出不同的才華。

・你擁有完滿的婚姻，也是個好父母，但也容易把孩子綁在你身邊。

・你可能在年輕的時候就有成功的機會，而且也會表現在教學、運動或舞台上的事業。

・你在投機事業上的運氣並不穩定。

## 月亮在第六宮

・顯示出工作方面的變化多端，反映你經常更換職業。

・你對他人很體貼，特別是對你的僱員，但你本身是個勤奮工作者，而且你期望他人也跟你一樣努力工作，你對照顧與服務他人有一種強烈的傾向。

・你是個好廚子，你會在任何服務大眾的實業中勝任愉快，例如市場與旅館業。除非月亮在一個固定的星座中，否則你在習慣上容易改變。

・你的神經緊張可能由疾病表達出來，通常可能是與身心都有關係的。

## 月亮在第七宮

・你在社會上受歡迎，這個位置強調人與人之間的關係。你非常敏感，通常對大眾的需要有所反應。你很難下定決心去結婚，你通常會有一些機運。

・通常因爲你在情感上的依賴，你可能結婚的很早；這並不表示永遠會成功，因爲你在人際關係上必須成長成熟。

・你會吸引一位敏感、容易情緒化的伴侶，特別是當月亮在星盤中有挑激的相關位置時。

## 月亮在第八宮

·有一種對安全感與生俱來的需要。你通常相當偏於心靈方面，對其他人認爲病態的事物感到有趣，例如死後的世界。

·情愛與性對你非常重要；如果月亮感應不利，可能會誤用你的性感。

·錢財可能來自你的伴侶、母親或一般的女性，通常你會與處理他人的財務有所牽連。

## 月亮在第九宮

·經由你對理想的投注與情感而發展出一套哲學；你的宗教看法通常站在正統這邊。

·對你而言，研讀生命中深入的事物是重要的，你能接受超意識範圍內的東西。

・你具有想像力，喜歡旅行，也可能是個四處漂泊的人、一個幻想者，或過於好動不安。

・幾乎在任何方面，你都是個天生的教師人材。

## 月亮在第十宮

・你會經歷數次職業的轉換，需要以某種方式與大眾一起工作，會接觸與女性或與女性有關的事務。

・月亮對所有有關家庭、女性的職業有幫助，例如市場、日用品、船業，以及任何與大眾有關的事物。

・你的名譽對你很重要，你的情緒常被你的野心與進步的渴望所主宰。由於你需要大眾當你的觀眾，這個位置可能會帶來醜聞。

・你擁有很微乎其微的私生活，你可能覺得你好像活在一個魚缸裡一樣，你需要感到被社會需要。

## 月亮在第十一宮

・你的看法不受偏見左右，作事能客觀且處之泰然，但卻會經常改變自己的目標。

・你經常參加許多社團活動，在組織方面的工作表現良好。

・你有許多朋友和認識的人，他們對你的幫助不小，而且彼此都能保持和諧的關係。

・如果月亮的感應不良，你必須小心被虛僞的朋友所利用。

## 月亮在第十二宮

・你好動不安、害羞、敏感、過於退縮，你不喜歡陌生的環境。你需要時間，獨自一人去重整你的情感電力。

・你擁有活躍的下意識活動，而且你可能憎恨想像中的輕視。也喜歡以隱居或隔離的方式工作，通常你活在一個幻想的世界中。

・你是自我犧牲型的人，如果你能夠不完全投入你的病人的話，你可以成爲一個好護士。

# 8

# 月亮的交點感應

月亮交點並不是星體，只是天體經度中的感應點，月亮在這裡越過黃道面（太陽的運行路線）。交點在出生星盤上的位置，恰似正對前方的箭；也就是「北交點」和「南交點」的宮度相對而度數相反，例如：北交點在白羊座10度50分，則南交點就在天秤座10度50分。

月亮軌道與黃道面呈5.15度的傾角，因黃道、白道的錯綜變換，地月日三者間重力磁場交互作用，使得月亮軌道的旋轉與地球軌道相互呼應，而升降兩交點亦隨月亮運行作逆向退行移動，此「交點」背離日月地諸星的運行方向，且每隔18.61年重逢一次，實際上，每逢9.3年，交點就會交互重合，此爲月亮各種周期中極其重要者，亦即中國古稱的「羅喉」、「計都」兩象變換的周期。

# 月亮的四種軌道感應

除月亮本身外，其與地球軌道間的感應亦極重要。中國古代就有紫氣、月孛、羅喉、計都四種「餘氣」，此爲軌道交感而非星體感應。

・「羅喉」，古名天首、龍首、黃旛等；天文學上稱爲北交、正交、交初、降交。

・「計都」，古名天尾、龍尾、豹尾等；天文學上稱爲南交、中交、交中、昇交。

・「月孛」，爲月亮「白道極高點」，即「月行極高」，也就是月亮「遠地極大」。

・「紫氣」，古云紛雜，無書可考，無數可定，爲羅、計「交點」的三倍周期。

明朝西方傳教士南懷仁說：「紫氣星無用處，不應造入。」《清史》記載西方傳教士湯若望《新法大要》中有：「四餘刪改……，至紫氣一餘，無數可定，明史附會，今俱改測。」有關四餘之平均行度，列表如下。

西方對於「四餘」（實爲三餘而無紫氣），最早可考的是來自阿拉伯人的阿希米．阿拉賓。另外，蘇拉曼曾於西元九世紀著書引述月亮諸「交點」感應，如：

| 月亮交點（四餘）和月亮 | 恆星周 | 日行度 | 年行度 |
|---|---|---|---|
| 1.紫氣（月亮遠地點、白道極低點） | 28.00116年 | 0° 2' 7" | 12° 51' 24" |
| 2.月孛（月亮近地點、白道極高點） | 8.84751年 | 0° 6' 41" | 40° 41' 28" |
| 3.羅計（降交、昇交點、黃白道交點） | 18.61366年 | 0° 3' 13" | 19° 20' 29" |
| 4.月亮 | 27.32166年 | 13° 10' 35" | 13宮22度 |

### ・每日平行

月孛（月遠地）爲6分40秒53微56毫，

羅計交點（降昇交）爲3分10秒48微22毫（退行）。

### ・年平行度

月孛爲40度40分31秒45微26毫38絲24忽，

羅計爲19度21分33秒21微1毫26絲24忽（退行）。

中國早於漢魏六朝時已有月「交點」算法，古法「四餘」：紫氣屬木、月孛屬水、羅喉屬火、計都屬土，這些月亮「交點」感應，皆和九有關，爲天文學與星象學上極爲重要的周期，深深影響著地球與人類。

# 交點在星盤中的意義

每個人都有一條獨特而個人化的成長途徑，星盤上的「北交點」表示個人的趨勢和未來去向。而星盤上的「南交點」表示過去的往事和過去的來路，我們的預測不全是同樣的趨勢，不過所指的目標，全部都是個人的發展過程。

月亮「交點」長久以來是星象學家爭論的題材。各種各樣的詮釋都提到了，可是卻缺乏一致性。西方星象學對於「交點」的認識一直是：「北交點」是吉的感應，而「南交點」是凶的感應。有些星象學家認爲，「交點」和羯磨（梵文）型態有關，但他們對其意義還不很清楚。對於篤信靈魂、宿命和化身的人來說，「交點」有著更廣博的意義。

但有一人卻例外，他就是德國的艾爾傅瑞德・惠特，他是天王星學派（或稱漢堡學派）的發起人，其作品已獲得雷恩霍德・艾伯丁以及宇宙生物學家的確認。他們的方法乃是要削弱「南交點」和「北交點」的差別，把此兩「交點」當作一條形成行星配置的軸線。

從相同的角度而言，月亮的兩「交點」決定了人與人之間的交往、合作和關聯。因此，兩「交點」和各種型態的人際關係息息相關。

我個人認爲，「北交點」和「南交點」應有所劃分，但此一區分也只有當某一行星和其中一「交點」交會而和另一「交點」位於相反位置的時候。而當行星和此兩「交點」都有關聯，就不可能對它們有所區分。然而，如果和其中一個「交點」有交會的關係存在時，「北交點」似乎對於交往、合作、聚集關係的形成有較大的影響，而「南交點」對於消除這些關係有較大影響力。

月亮交點不是行星而是在太空經度上月亮經過太陽所經道路（黃道）的平面。

「北交點」也稱作「龍頭」，被認爲是獲得、增加和應當面對的方向，被施予或接受的點，是你在星盤中應該努力向前，尋找滿足的感應點。

「南交點」也稱作「龍尾」，是一個放鬆或需要放手的方向；你必須付出、解放出去或必須捨棄的點，它在星盤中表示你可以輕鬆度過的感應點。

月亮交點的關鍵字可以幫助你瞭解星盤中敏感的本質：

「北交龍頭」是開始吸取和攝取食物進入體內的部份，當他吃的時候，由頭部的嘴攝入食物，這就是「北交點」工作的方式；這是你吸收新知識、新觀念和理想的點。當你在知識上有所得時，你會自然的得到信心，也能得到內在的安全，並達到內在和平的最高境界和圓滿。

如果「北交點龍頭」是吸收的點，那麼「南交點龍尾」就是輸出和釋放出去的點。但我們釋放出來的原本就在體內，或是我們一部分的知識、觀念、態度、道德等，依據過去的回憶和童年，我們需要用秘密方法，數年或數十年的時間才能去除這些不需要的東西。

某些星象書將「交點」解釋成和社會關係有關，以及個體如何與社會整體建立關係或是他的社會習俗、道德和態度，但我們並沒有發現這點和我們所使用的闡釋有關。

## 北交點（恐龍的頭）

・「北交點」也稱爲「恐龍的頭」，指出個人的追求點，即使充滿困難與挑戰性，但新的性質會發展出來配合。

・「北交點」代表著積極向前和成長的方向，這是一條較富挑戰性的路徑，但也較有收穫。也代表獲得、增加和擴展信心的點，這是你必須爭取或競爭、奮力實現的領域。

・相信「輪迴」的星象學家認爲，「北交點」代表個人的今生。代表著應繼續發展的特質，並指明此生的目的和目標。

・具有木星的性質，代表流暢。也象徵著各種人際關係，表示在和他人的交往中，如何學習、成長、發展和獲得。

## 南交點（恐龍的尾）

・「南交點」也稱爲「恐龍的尾」代表個人放鬆或解放的點，和可能輕鬆度過、必須給予或捨去的領域；也代表著舒適、不費力和阻力最少的路徑。

・南交點告訴我們此人的來源、特徵和與生俱來的行爲等。在一個人面對壓力而退縮時會去找尋「南交點」的特質，但向前時又追求著「北交點」

的特質。

・相信「輪迴星學家」認爲，「南交點」代表今生的已過去部份或前世的殘留部份。

・具有土星的性質，具有抑制性，無論位在何宮，都會把北交點帶來的好運轉爲厄運。

・代表必須致力的事物，象徵著我們對他人的責任，以及在人際交往中，如何獲取經驗、教訓等狀況。

・代表著過去生命的主宰能

「南交點」與「北交點」進入黃道宮的時間表

| 南交點－北交點 | 入星座時間 | 入星座時間 | 入星座時間 | 入星座時間 | 入星座時間 |
|---|---|---|---|---|---|
| 獅子座－寶瓶座 | 1914/12/04 | 1933/06/25 | 1952/03/29 | 1970/11/03 | 1989/05/23 |
| 巨蟹座－摩羯座 | 1916/06/01 | 1935/03/09 | 1953/10/09 | 1972/04/27 | 1990/11/19 |
| 雙子座－人馬座 | 1918/02/14 | 1936/09/14 | 1955/04/03 | 1973/10/27 | 1992/08/02 |
| 金牛座－天蝎座 | 1919/08/16 | 1938/03/04 | 1956/10/04 | 1975/07/10 | 1994/02/01 |
| 白羊座－天秤座 | 1921/02/08 | 1939/09/12 | 1958/06/16 | 1977/01/08 | 1995/07/31 |
| 雙魚座－室女座 | 1922/08/24 | 1941/05/24 | 1959/12/16 | 1978/07/06 | 1997/01/25 |
| 寶瓶座－獅子座 | 1924/04/23 | 1942/11/21 | 1961/06/11 | 1980/01/05 | 1998/10/20 |
| 摩羯座－巨蟹座 | 1925/10/27 | 1944/05/12 | 1962/12/23 | 1981/09/25 | 2000/04/09 |
| 人馬座－雙子座 | 1927/04/17 | 1946/01/04 | 1964/08/26 | 1983/03/16 | 2001/10/13 |
| 天蝎座－金牛座 | 1928/12/29 | 1947/08/03 | 1966/02/20 | 1984/09/12 | 2003/04/14 |
| 天秤座－白羊座 | 1930/07/01 | 1949/01/26 | 1967/08/20 | 1986/05/10 | 2004/12/26 |
| 室女座－雙魚座 | 931/12/28 | 1950/07/27 | 1969/04/19 | 1987/12/02 | 2006/06/22 |

力，這樣的人會選擇度過一個不費力氣的輕鬆人生，卻不會使勁去要求事事完美。

・許多人認爲「南交點」是個沒有希望的地方，因爲「北交點」的幸運會被「南交點」否定。但是，一切在乎自己怎樣處理每個「交點」。

・「南交點」從一張星盤觸及另一張星盤時，表示你用什麼方式或在什麼地方傷害了別人，或者是收到一批積欠的債務，這是還債的機會，可以說「南交點」星座是債主。

# 來自月亮交點的忠告

「我如何能走向前去，面對一個未知的世界？」這是「披頭四」領隊約翰・藍儂一首歌中的一句歌詞，那是我們每一個人都會遇到的問題，一張正確的星象盤，能對這個答案提供一些參考資訊。

一般來說，星象盤是簡單的摘要，以象徵的方式對一個人的個性、特質和經歷作下速記。它並不判斷對或錯，而只陳述事實。不過，有一項因素可以回答約翰・藍儂的問題：

「月亮的交點，它可指示出前路的情況和你所將面臨的情形，當你必須做出某些選擇或決定時，月亮的交點可提供一些忠告。」

就像地球的兩極，月亮交點的位置永遠是彼此相對的一百八十度，因此被標分出「北」和「南」。通常在繪製星象盤時，不會標示出「南交點」，因爲它在「北交點」相反的方向。「交點」的行進過程是以逆行方式（也就是向後倒退）通過黃道的十二宮，停留在每一宮的時間大約是一年又六、七個月左右，繞行天體黃道一周爲18.6年。

小孩子很容易表現出他們「南交點」的行爲，常常是以防衛性的行爲表現，也就是說：「當人們感到不自在或受到威脅時所表現的行爲方式。」而隨著年齡漸長，孩子們發展出愈來愈多的「北交點」特質，而且也顯得更加成熟。如果一個人投注他的精力在某一方面，往往引導這個人不斷向這方面成長，而這種特質將會一直持續到成人階段。

在星盤中「交點」的位置，可以定義出一個人在人生中的挑戰；交點可以顯現出一個人的成長、發展和滿足的最大極限。由於個人的命運是由個人的行動所控制，而個人的行動又受天上星辰所控制，因此「交點」可以提供選擇最佳行動的忠告。

當我們查看「交點」在星盤中的位置時，有許多因素我們都必須考慮，「北交點」的星座會指出需加以強調的特質，並指出人生中應集中精力應付的部分，可以使一個人成長。「南交點」星座則是不需加以強調的特質，並指出需要費力解決的部分，因「舒適」而使一個人退縮，無法突破現狀。

當一個「交點」有許多星球接近或結合，將會感受到對那個方向的逐漸趨近。如果是「北交點」，那麼這個人將發現選擇前進的路是較爲容易的。如果是會合「南交點」，則能聚集較多的行星能量；如果行星接近，這個則會發現難以突破現狀，面對人生中出現的挑戰也較爲困難，而會選擇一條阻力最少的路徑。

# 交點在黃道星座的感應

## 白羊座的「北交點」／天秤座的「南交點」

・你常有難以作決定的傾向，並且過分在意別人對你的意見，你常常太依賴別人。

・學著果斷，並爲自己的信仰界定立場，愛自己和尊重自己並不等於自私。

## 金牛座的「北交點」／天蠍座的「南交點」

・你會視人生爲一連串的緊急事件，你對事情發生的情況都會以緊張的情緒面對，常常會善妒或多疑。

・你先得明白你不可能總是能得到想要的東西，但你可以盡力去爭取，你兼顧理性與實際，寧爲瓦全，不爲玉碎。

## 雙子座的「北交點」／人馬座的「南交點」

・你喜歡自由自在，避免束縛和需要付出太多的承諾。你是個理想主義者，時常拒絕去服從你認爲很不理性的社會期望。

・發展出你能賴以爲生的個人目標，並向著這些目標全力以赴。平衡你在身體上的冒險（運動和戶外活動）和文化上的冒險（溝通和機智的自我表達）的興趣。

## 巨蟹座的「北交點」／摩羯座的「南交點」

・你傾向於嚴重的固執己見、自以爲是和物質主義。你時常做比需要量更多的工作讓自己累倒，好向別人證明你的負擔有多麼的重。

・學著放鬆對你自己的控制和對任何事的責任感。試著以關懷、憐愛和支持來對待別人，把親切和體貼傳送給他人。

## 獅子座的「北交點」／寶瓶座的「南交點」

・你是個傾向孤獨的人，你抗拒能幫助你培養向朋友尋求支持的傳統社會。你很複雜、獨特，也常會失去自我控制。

・發展來自自己的力量，集中你的天分投注於一個確定的目標，你對獨處的需求得自他人對你的成就產生欣羨的自我滿足。

## 室女座的「北交點」／雙魚座的「南交點」

・你的生活漫無目標和組織，得過且過，你在作決定時運用的是直覺和感情，你藉著逃避現實和做白日夢來抗拒不如意的事。你對他人的痛苦非常敏感，就像對自己一樣。

・學習自我約束，好好組織自己的生活，學著說不，並且貫徹始終地執行，應用你在健康和飲食上的豐富知識，追求完美。

## 天秤座的「北交點」／白羊座的「南交點」

・你有以自我爲中心的傾向，很自私。你生活在許多極端與矛盾之中，敢做敢爲，你很固執己見，並會對別人擁有的事物妒忌。

・學習傾聽別人這是一項艱難的藝術，你應努力地對任何事保持中立，學習處事公正，學習和他人分享。

## 天蝎座的「北交點」／金牛座的「南交點」

・你傾向於以困難的方式來做事，因爲你一向如此，你是個物質主義者，並喜歡擁有其實並不存在的困難，你對自己的利益常常太現實。

・傾聽你自己的感覺，試著接受改變，並放逐老舊和落伍，洗心革面將能使你重生，並帶來獨立感。

## 人馬座的「北交點」／雙子座的「南交點」

・你很容易適應環境，具有能很快抓住身邊事物的特性。你是個不拘小節的人，注意力集中的時間很短。由於你對事物的兩面都很瞭解，常令你很難下定決心。

・退一步想，發展更廣闊的視野，發掘眞理，並對自己的信仰採取立場。這樣子你也許就不能取悅每個人，但你將對自己更爲滿意。

## 摩羯座的「北交點」／巨蟹座的「南交點」

・你很依賴，總要找別人來照顧你，爲你做決定，你對別人的意見非常敏感，你很多愁善感，對過去的回憶和事物緊握不放。

・你努力使自己成爲一個獨立的大人。不要再沉溺過去，你要活在現在，計劃和創造你自己的未來，學著如何來處理你的生命結局。

## 寶瓶座的「北交點」／獅子座的「南交點」

・你常常太自我主義，並輕視他人。你有指揮身邊人的傾向，並會嘗試主控整個場面，你有很強烈的驕傲和自尊。

・學習把你的能力施展到對別人的服務上，找出一個能貢獻你的人生的原因，你可以對人類演化的發展貢獻很多的。

## 雙魚座的「北交點」／室女座的「南交點」

・你傾向於見樹不見林，你善於解析的心會使你陷於批評和一些瑣碎的細節上，你憂慮感情的結果將讓你病倒。

・要對宇宙中的秩序有信心，這要比你去維持全世界的秩序來得容易，要瞭解你是整體的一部分而不是支離破碎的。你應放鬆，忘掉煩惱，是你自己把事情搞得比需要的還麻煩。

# 交點在後天宮位的感應

當「交點」落在每個相對的後天宮位時，似乎有某些現象相互作用：

**1. 交點落第一與第七宮**：此人有明顯的性格，在人格或外表特徵上，與雙親或隔代雙親之一相像。

**2. 交點落第二與第八宮**：個人的價值觀與雙親之一或兩人相像；他們通常和雙親之一經營同樣的事業。

**3. 交點落第三與第九宮**：此人與雙親之一有共同的宗教或哲學看法，且和父母親的溝通屬開明有效的。

**4. 交點落第四與第十宮**：此人通常跟隨雙親之一事業宮的步伐；親子間的聯繫極強，有希望得到成功。

**5. 交點落第五與第十一宮：**我們發現這種人與家人，尤其是與他們的子女均相當的社會化，通常會排斥他人。

**6. 交點落第六與第十二宮：**這種配置可暗示一種疾病的遺傳傾向，個人與雙親之一會顯示同樣的病徵。

# 附錄

# 後語

現在我們特別企劃製作這本「星象學手冊」系列之《月亮星座的第一本書》。筆者希望讀者和學者喜歡這本書，也希望您學到很多，但最重要的是，我們希望星象學幫助您過一個更充實、更快樂的生活。

爲使學者能眞正瞭解本書，也讓讀者認識自己，特別於一九九七年正式推出「中文星象軟體」，這是「世界第一套 Windows 版圓盤式全中文化星象光碟」，而一九九九年又推出改良的「中文星象軟體」，希望對提升星象學的研究有所幫助，配合本書的研究，相信短期內必有所成。

由於國內盜版不絕，世界各國對智慧財產權的保護不遺餘力，一九八三年起國外開始推出DOS版的「星象軟體」，筆者是最早將原文星象學書籍和軟體等星象資訊引進國內的第一人，並作爲教學輔助（有完整的購書單爲憑），幾乎隔年就買一套新版，前後有十套及其他各式軟體數十種，首先需註冊登記，對方再給與專有的「密碼」，通過「密碼」或「鎖碼器」方得使用；但至今卻沒有一套可以使用，顯然是有時效性，這是上道的電腦玩家都知道的事，這些都是眾所周知的商業手段，可見國外「智慧財產權」保護的實況。一九九〇年以後，弟子呂氏和再傳弟子等，向美簽約取得經銷權益，但價格非初學者所能負擔。

爲此，筆者特別精研發展出適合國人使用的「中文星象軟體」，作爲初學者的排盤工具，造福後學、後進；但許多專業研究和職業星家都在使用本軟體，其中不乏「知名人士」。在星盤的精準度上，國外軟體較爲優勝；但在實用性、方便性和價格方面，則筆者研發的「皇極星象玩家系列」則遠勝國外軟體，歡迎比較試用。

本研究中心爲求突破，每年都會有更新版本，並陸續推出「升級版」、「專業版」等，如果讀者想升級、進步，最好逐年購買新版接替，才能跟上日新月異的寶瓶時代，獲得最新版本，以提升心靈和智慧。專業或職業玩家如需專業版本，可向本中心註冊登記，並爲您設計屬於自己專用的星象軟體。

# 黃家騁簡歷

**主要經歷**：中華民國易經學會易經主講。

**經歷**：中華民國易經學會歷任理事暨易經主講／中華易學月刊社務委員兼編撰。

・中華學術院中國醫學研究所副教授／華岡傳統醫學會副會長。

・港九中醫師公會永遠名譽會長／港九中醫研究所名譽教授。

・三軍大學、國立中興大學合作中文電腦化「倉頡計劃」研究員。

・美國星象家聯盟**AFA**研究員／美國職業星象家研究中心**ISAR**研究員。

・美聯社**AP**、**CNN**、**TIME**週刊，日本**NHK**、講談社等訪談多次。

・各大報專訪數十次，新聞媒體廣播、三台、第四台專訪座談逾百次。

**專業：**講授易經象數、易經經傳、洪範數學、皇極經世、天文曆算、七政四餘、中西星象學、八字學、八字擇日、星象擇日、紫微斗數、三元陰陽宅理氣等廿餘年。

中華易學月刊星象專文四十餘篇／發表於報刊雜誌之易學與星象學專文逾五百篇。

| 黃家騁著作書名 | 出版 | 出版單位 |
|---|---|---|
| 1.易學提要 | 1976 | 皇極出版社 |
| 2.易學與醫學之綜合研究 | 1976 | 皇極出版社 |
| 3.洪範易知 | 1976 | 皇極出版社 |
| 4.易術概要 | 1976 | 皇極出版社 |
| 5.邵子易學與經世預言 | 1976 | 皇極出版社 |
| 6.易經講義 | 1976 | 皇極出版社 |
| 7.陽宅講義 | 1976 | 皇極出版社 |
| 8.天文七政及星象學應用圖表 | 1977 | 皇極出版社 |
| 9.電腦精算天文七政三王眞躔萬年星曆（西元前1000年至2406年） | 1977 | 皇極出版社 |
| 10.電腦精算三百年陰陽干支萬年曆（西元1801年至2100年） | 1977 | 皇極出版社 |
| 11.電腦精算天文七政三王眞躔萬年星曆（1901年至2003年） | 1984 | 皇極出版社 |
| 12.1996年星座預測開運手冊 | 1996 | 皇極出版社 |
| 13.12星座看兩性情愛 | 1997 | 金菠蘿出版 |
| 14.12星座公關藝術 | 1997 | 金菠蘿出版 |
| 15.12星座開運自己來 | 1997 | 金菠蘿出版 |
| 16.考試開運魔法書 | 1998 | 金菠蘿出版 |
| 17.星星決定您的健康 | 1997 | 遠流、元尊 |

| 黃家騁著作書名 | 出版 | 出版單位 |
| --- | --- | --- |
| 18.1997年星座吉凶行事曆 | 1997 | 遠流、元尊 |
| 19.賺錢要吉時 | 1997 | 遠流、元尊 |
| 20.12星座理財（12冊） | 1997 | 金錢文化社 |
| 21.星海辭林（6巨冊） | 1989 | 武陵出版社 |
| 22.學會占星的第一本書<br>（附贈世界首套彩色Windows<br>版中文星象光碟） | 1998 | 圓神、方智 |
| 23.十二星座總動員<br>（共12冊各冊附贈情侶夫妻親<br>子合盤星象光碟） | 1999 | 彩言公司 |
| 24.上升星座的第一本書<br>（附贈練習片） | 1999 | 生智出版社 |
| 25.太陽星座的第一本書<br>（附贈練習片） | 1999 | 生智出版社 |
| 26.月亮星座的第一本書<br>（附贈練習片） | 1999 | 生智出版社 |
| 27.金星星座的第一本書<br>（附贈練習片） | 1999 | 生智出版社 |
| 28.生日奧祕的第一本書<br>（附贈練習片） | 1999 | 生智出版社 |

使用手冊

# 星象研究中心

## 占星玩家系統

皇極星象學研究中心製作

### 系統需求

- 作業系統

MS Windows 3.1 中文版或MS Windows 95 中文版。

- 硬體設備建議使用

486/100MHZ。

16M記憶體以上之個人電腦。

雷射或噴墨之印表機。

- 螢幕解析度

建議調整爲640x480或800x600之「Small Font」字型。

- 配合之驅動程式

BDE(Borland Database Engine)。

## 系統安裝

● 將皇極占星玩家光碟置入光碟機，再執行 A:SETUP，之後依下列步驟操作即可。

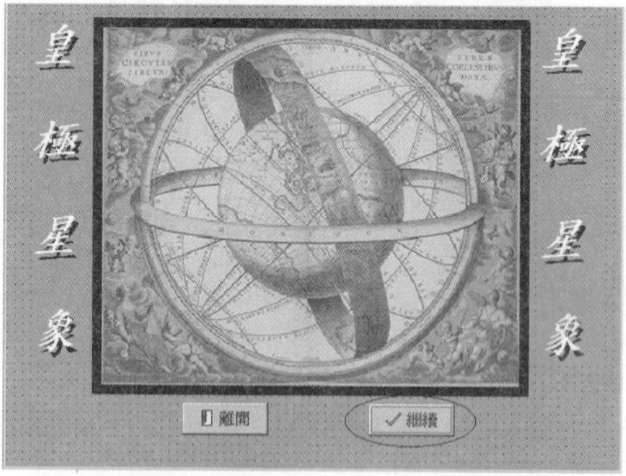


步驟一：請點選「繼續」。

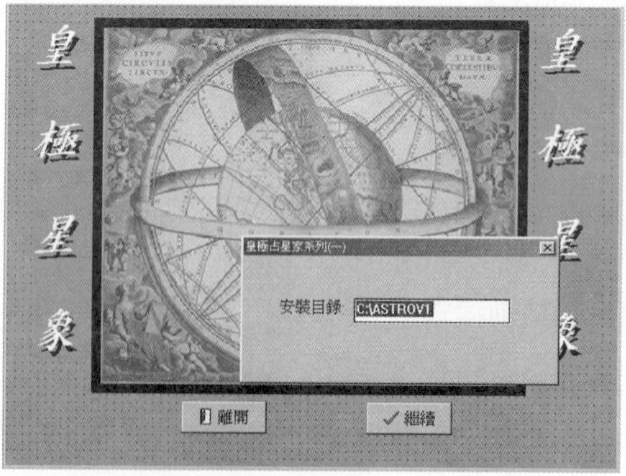


步驟二：建議不要更改路徑名稱，直接點選「繼續」。

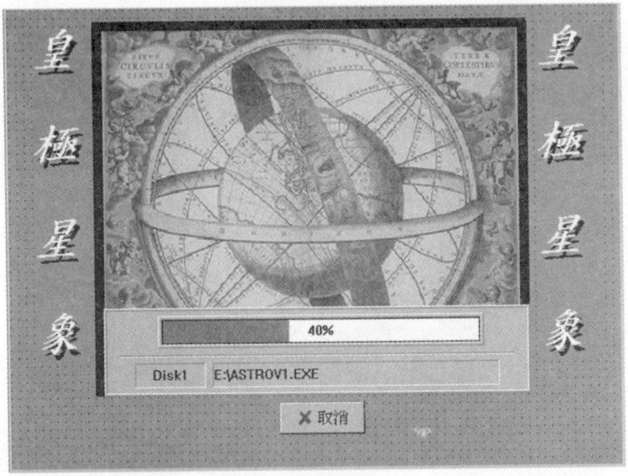


步驟三：拷貝檔案中，請稍後。

● 檔案拷貝至100%後，系統將自動啓動BDE驅動程式，在出現下列畫面後，依步驟操作即可。

步驟一：請點選Continue。

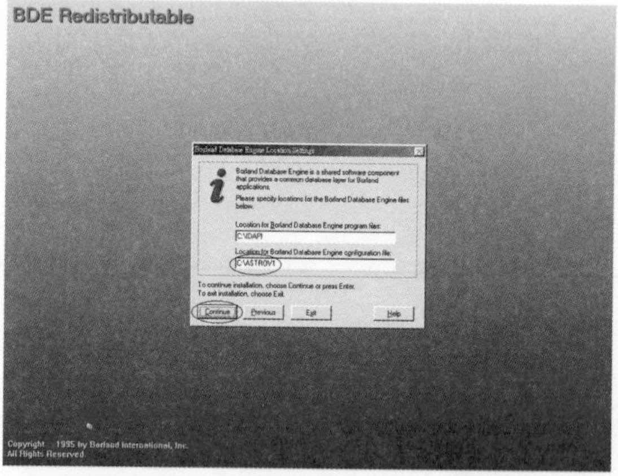


步驟二：兩個路徑名稱請勿更改，直接點選Continue。

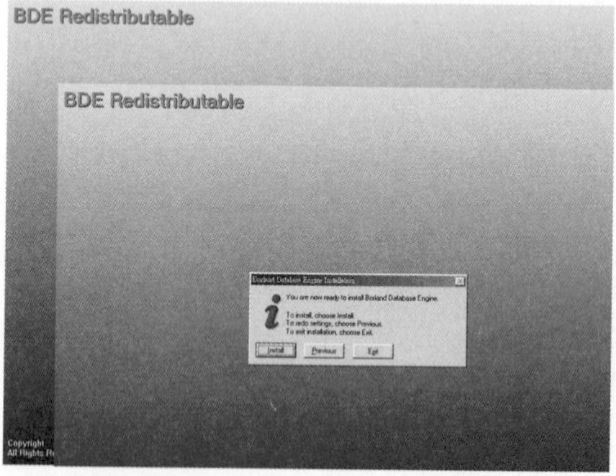


步驟三：點選Install。

步驟四：開始拷貝檔案，請稍後。

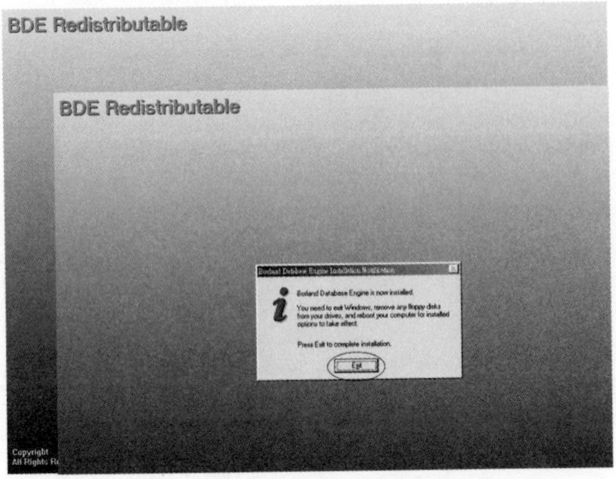


步驟五：BDE安裝完成，請點選Exit。

BDE安裝完成之後，會顯示如下畫面：

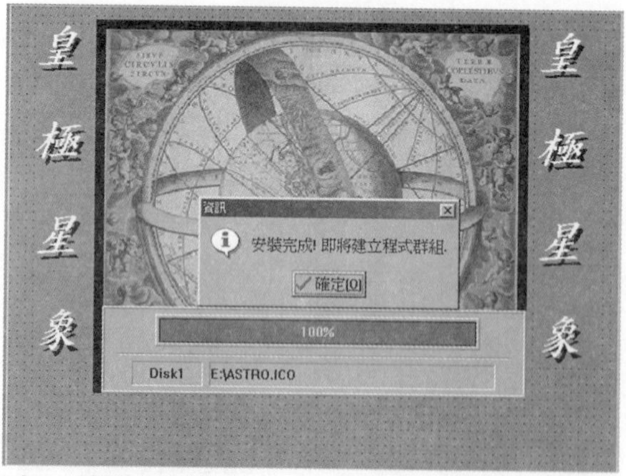


步驟六：請點選[確定]。

步驟七：請點選[完成]。

安裝完成之後，會出現如下之“皇極星象玩家”圖示：

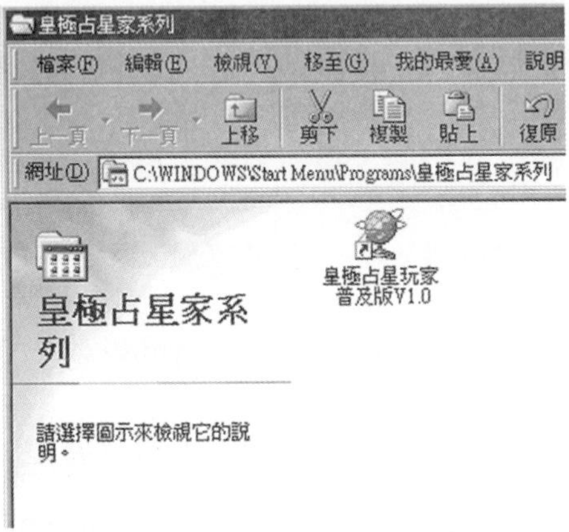


至此程式安裝大功告成。最後在點選該圖示即可邁入本系統了。

## 開始本系統

1.在Windows下執行本系統時，會看到如下畫面：

本系統之主畫面，分爲七類功能，分別簡介如下：

1.關於本軟體：說明本軟體之製作起源及使用範圍。
2.使用者資料登錄：提供使用者個人資料檔案及相關資料之輸入界面，並附有客戶回函卡列印功能。
3.本命星盤：進行個人星盤及名人星盤之展現及列印輸出。
4.星象學基本認識：提供占星學之基本常識即十大行星、星座、命宮之定義。
5.星座開運：依照在各星座出生者的性格及喜好，揭露開運的密法。
6.作者簡介：介紹作者黃家騁先生對《易經》星象的研究。
7.系統結束：結束本系統作業。

## 本命星盤

1.在主畫面下執行[本命星盤]或按[啓動]按紐後，會看到如下畫面：

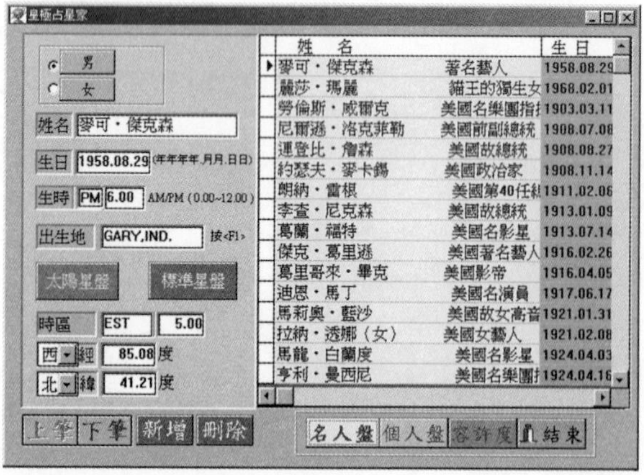

此畫面可讓您列印「名人星盤」「本系統提供近60個名人資料」及「個人星盤」，您可以按下「新增」鈕來輸入您個人或朋友的出生日期 、時辰，及出生地點，接著再按「標準星盤」或「太陽星盤」，系統將自動計算各星之相位角，並展現星盤如下圖：

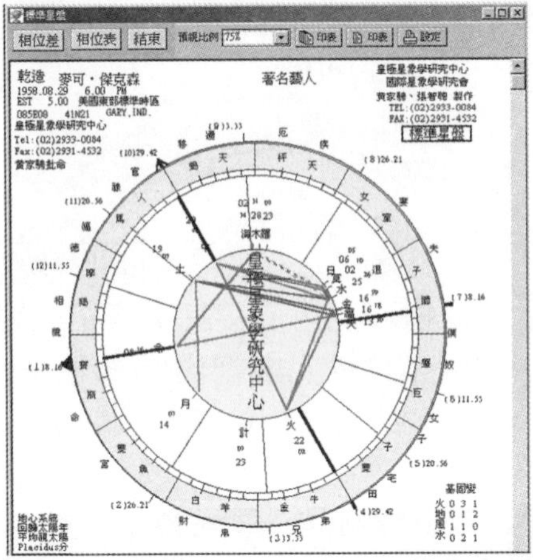


註：本報表為「預視模式」，可供使用者瀏覽，但如果您想將此報表輸出至印表機，請參看下面「報表的操作」說明。

## 報表的操作

本系統所列印出來星盤都必須先經過預視的過程才能列印於印表機上，如上圖即為一報表的預設畫面，現將操作說明如下：

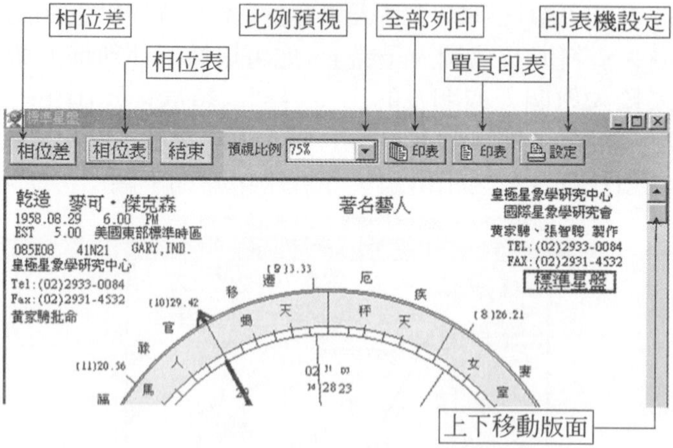


1.星盤其他功能操作：可直接點選「相位表」，即可另外顯示一張相位差明細總表(升級版才提供列印功能)；或直接 點選「相位差」，將另外產生動態「一星對多星」之相位 差速查表單，您可對該表單之某星直接以滑鼠點選，即 可得到相對各星之相位差；至於「結束」按鈕，是提供您一個關閉此報表的捷徑。

2.版面的移動：我們可以使用右邊捲動軸來調整本頁報表版面的上下移動，相對地也可以使用鍵盤的「↑」「↓」來微幅調整報表版面之移動。

3.版面的大小調整，在報表視窗的上方有一個「預視比例」的下拉式選項，用來控制版面的大小，本大小僅影響預視的情況，不影響印表的狀態，其選項說明如下：

(1)200%，此爲放大一倍的預視模式，較大 、易看清楚，但版面必須上下及左右捲動，操作較不便。

(2)100%，原比例模式。

(3)75%，平常沒有特別指定時，大部分的報表預設爲此比例。

(4)50%，比原比例小一倍。

(5)頁寬，以報表實際的寬度，再按比率計算頁長的比率，此方式是可以保證左右皆不會超出預視範圍，完全可以容納頁寬爲主。

(6)全頁，以報表實際的長度爲視窗的長度，再按比率計算頁寬的比例，此方式是可以保證上下皆不會超出預視範圍，完全可以容納頁長爲主。

4.預視之後，是可以利用 印表 與 印表 來馬上印出至印表機中，其中 印表 是指單頁印表，及僅將目前的資料輸出至印表機中， 印表 則代表全部印出，即將所有的報表一次印出。

5. 印表機設定，在印表之前你也可以按下 設定 「印表設定」按鈕來定義一些Windows印表機的一些基本設定。

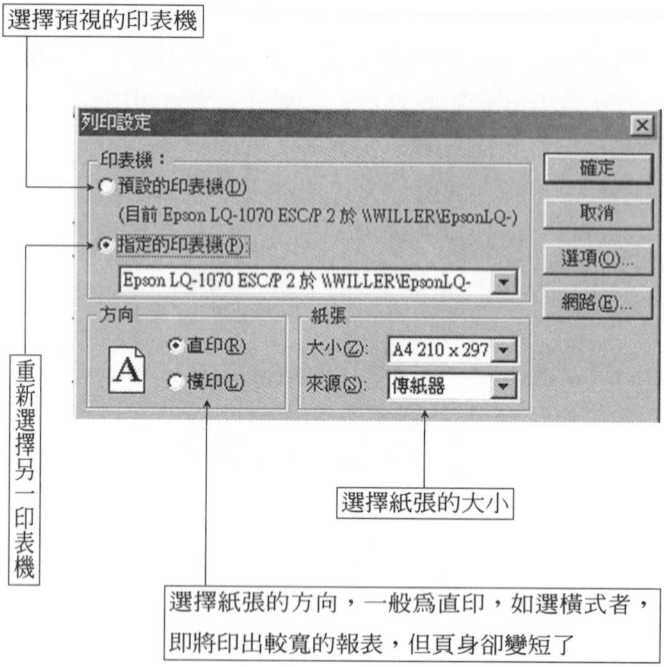

標準星盤

相位差　相位表　結束　預視比例 75%　印表　印表　設定

乾造　麥可・傑克森　　著名藝人
1958.08.29　6.00　PM
EST　5.00　美國東部標準時區
085E08　41N21　GARY,IND.
皇極星象學研究中心
Tel:(02)2933-0084
Fax:(02)2931-4532
黃家驄批命

皇極星象學研究中心
國際星象學研究會
黃家驄、張智聰 製作
TEL:(02)2933-0084
FAX:(02)2931-4532

標準星盤

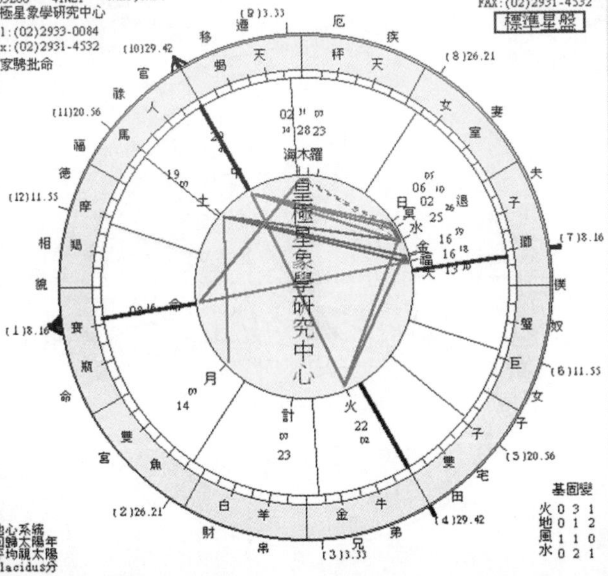


地心系統
回歸太陽年
平均視太陽
Placidus分

| | 基 | 固 | 變 |
|---|---|---|---|
| 火 | 0 | 3 | 1 |
| 地 | 0 | 1 | 2 |
| 風 | 1 | 1 | 0 |
| 水 | 0 | 2 | 1 |

| 分析 | 基本宮 | 固定宮 | 變動宮 |
|---|---|---|---|
| 火象 | (白羊) 0 | 水金天 (獅子)120 | 土 (人馬)240 |
| 地象 | (摩羯)270 | 火 (金牛) 30 | 日冥 (室女)150 |
| 風象 | 木 (天秤)180 | 命 (寶瓶)300 | (雙子) 60 |
| 水象 | (巨蟹) 90 | 海中 (天蝎)210 | 月 (雙魚)330 |

★　智者能掌控其星辰，愚者受其星辰掌控　★

★　如果您不在乎未來，未來更不會在乎您　★

・本軟體係由星象家黃家驄策劃指導，結合多位電腦專家精心設計完成的第一套彩色WINDOW版「圓盤式中文星象軟體」，使用方法參考MENU。
・【皇極星象學研究中心】附設易經象數經傳、洪範皇極經世、天文曆算、中西星象學及擇日、生命科學、八字學、三元陰陽宅等講座。

◆ 請尊重智慧財產權 · 專利權所有 · 切勿非法拷貝及擅改內容 · 如有毀損 · 自行負責 。

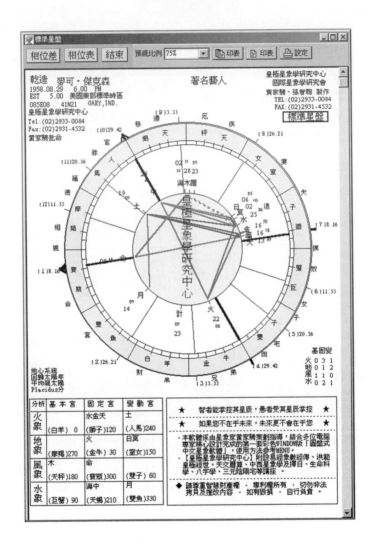

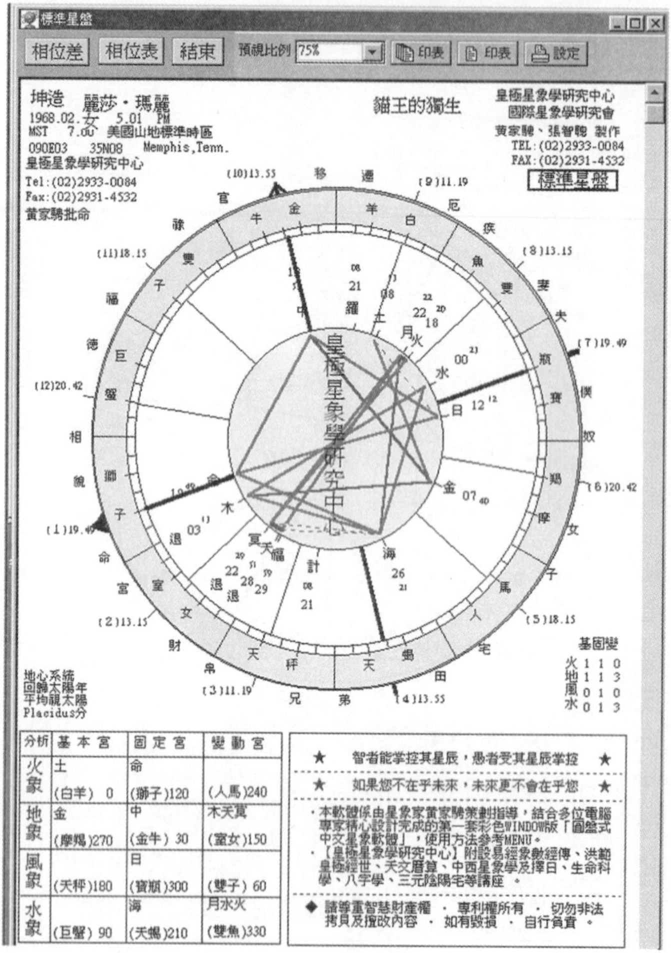


| 分析 | 基本宮 | 固定宮 | 變動宮 |
|---|---|---|---|
| 火象 | 土 (白羊) 0 | 命 (獅子)120 | (人馬)240 |
| 地象 | 金 (摩羯)270 | 中 (金牛) 30 | 木天冥 (室女)150 |
| 風象 | (天秤)180 | 日 (寶瓶)300 | (雙子) 60 |
| 水象 | (巨蟹) 90 | 海 (天蠍)210 | 月水火 (雙魚)330 |

客戶回函卡

頁次 1 總頁數 1 預視比例 75% 印表 印表 設定

From： 黃家騁　　　　TO：皇極星象學研究中心

FAX:(02)2931-4532

**軟體升級預購調查與客戶資料回函卡**

預購意願　1.非常願意

使用單位　皇極星象學研究中心

姓　　名　黃家騁

職　　業　命理諮詢,企業顧問,自由業,作家,研究員,易經學會理事(現職)

聯絡電話　(02)2933-0084

傳真號碼　(02)2931-4532

出生日期　38.01.01　年齡：50

購買日期　86.11.01　購買地點　台北XX書局

郵遞區號　12345

地　　址　台北市文山區116景美萬盛街90號

電腦配備　586/32M.RAM(含)以上

網路信箱　xxxxxxxx@ms8.hinet.net

意　　見：

本人覺得很難得能見到國人所研發的第一套圓盤式中文星象軟體，我希望……

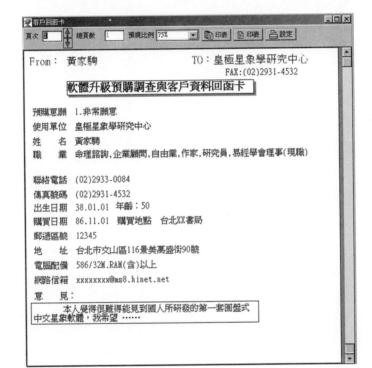

# 月亮星座的第一本書

LOT系列 4

作　　者／黃家騁
出 版 者／生智文化事業有限公司
發 行 人／林新倫
總 編 輯／孟　樊
執行編輯／郁　冰
登 記 證／局版北市業字第 677 號
地　　址／台北市文山區溪洲街 67 號地下樓
電　　話／(02)2366-0309　2366-0313
傳　　真／(02)2366-0310
印　　刷／科樂印刷事業股份有限公司
法律顧問／北辰著作權事務所　蕭雄淋律師
初版一刷／1999 年 10 月
定　　價／新臺幣 260 元

北區總經銷／揚智文化事業股份有限公司
地　　址／台北市新生南路三段 88 號 5 樓之 6
電　　話／(02)2366-0309　2366-0313
傳　　真／(02)2366-0310

南區總經銷／昱泓圖書有限公司
地　　址／嘉義市通化四街 45 號
電　　話／(05)231-1949　231-1572
傳　　真／(05)231-1002

ISBN　957-818-040-3
網址：http://www.ycrc.com.tw
E-mail：tn605547@ms6.tisnet.net.tw

國家圖書館出版品預行編目資料

月亮星座的第一本書／黃家騁著. - - 初版.
- -臺北市：生智，1999〔民 88〕
面：　公分. - -（LOT 系列；4）

ISBN　957-818-040-3（平裝）

1.占星術

292.22　　　　88010236

□揚智文化事業股份有限公司 □生智文化事業有限公司

謝謝您購買這本書。

爲加強對讀者的服務，請您詳細塡寫本卡各欄資料，投入郵筒寄回給我們(免貼郵票)。

E-Mail:tn605547@ms6.tisnet.net.tw

網 址:http://www.ycrc.com.tw

您購買的書名：________________

購買書店：________市/縣________書店

性　　別: □男　　□女

婚　　姻: □已婚　　□未婚

生　　日:____年____月____日

職　　業: □①製造業 □②銷售業 □③金融業 □④資訊業
□⑤學生 □⑥大眾傳播 □⑦自由業 □⑧服務業
□⑨軍警 □⑩公 □⑪教 □⑫其他______

教育程度: □①高中以下(含高中) □②大專□③研究所

職 位 別: □①負責人 □②高階主管 □③中級主管
□④一般職員 □⑤專業人員

您通常以何種方式購書?

□①逛書店 □②劃撥郵購 □③電話訂購 □④傳真訂購
□⑤團體訂購 □⑥其他

對我們的建議

106-□□

台北市新生南路3段88號5F之6

揚智文化事業股份有限公司　收

| 廣告回信 |
| --- |
| 臺灣北區郵政管理局登記證<br>北台字第 8719 號 |
| 免貼郵票 |

（請用阿拉伯數字書寫郵遞區號）

市　鄉鎮

縣　市區

路（街）　段　巷　弄　號　樓

地址：

電話：（　）　FAX：

姓名：

□□□-□□